달라이 라마가 전하는
우리가 명상할 때 꼭 알아야 할 것들

달라이 라마가 전하는
우리가 명상할 때 꼭 알아야 할 것들

김은희·주영아 옮김
제프리 홉킨스 엮음
달라이 라마

불광출판사

차례

커튼 걷기,
우리의 판단을 가로막는
거짓된 장막 걷어내기

달라이 라마의 이 책은 자비와 통찰 지혜(존재의 본질을 정확히 관찰하는 직관적 지혜)가 새의 양 날개처럼 함께 작용할 때 깨달음에 이를 수 있다는 불교의 기본적인 가르침에 바탕을 두고 있습니다. 자신의 본래 모습을 아는 것이야말로 자신도 발전하고 다른 사람들과도 긍정적인 관계를 맺을 수 있는 열쇠라는 것이 이 책의 중심 주제입니다.

달라이 라마는 자신의 본래 모습을 알지 못하면 자기 자신과 타인, 그리고 외적인 사건이나 물질에 대한 왜곡되고 부풀려진 생각으로 인해 결국 자신을 해치게 된다는 것을 알려 주고 있습니다. 나의 감각조차 나를 속여 집착하고 불선한 행동을 하게 만들며, 이것은 나중에 다시 나를 괴롭히게 될 뿐입니다.

이 책은 우리가 연기법을 제대로 이해하고 그에 따라 살기 위해서 어떻게 해야 되는지에 대해 상세히 설명하고 있습니다.

1장에서는 어떻게 하면 우리의 판단을 그르치게 하는 거짓된 장막을 마치 커튼을 걷듯이 걷어낼 수 있는지를 보여 줍니다. 탐욕과 성냄을 억제하는 수행 방법들이 도움이 되기는 하지만, 근본적으로 문제를 해결하지는 못합니다. 달라이 라마는 우리를 현혹하는 거짓된 장막을 제대로 알게 함으로써 현상의 이면에 있는 본래 모습을 발견할 수 있는 토대를 마련해 줍니다.

눈에 보이는 대로 세상을 받아들이는 것을 무지無智라고 합니다. 이는 사람과 사물이 실제 어떤 방식으로 존재하는가를 잘 알지 못하는 것이 아니라 그들의 근본적인 본질을 크게 오해하는 것입니다. 진정으로 자신에 대해 이해하면, 자신에 대한 오해를 알아차리고 그 때문에 일어나는 여러 문제를 해결할 수 있습니다. 여기서 우리의 목표는 자신을 괴로움에 빠뜨리는 원인을 바로 알고 잘못된 생각을 근원적으로 뿌리 뽑기 위한 방법을 배우는 것입니다.

불교 심리학은 마음의 작용을 상세하게 설명하는 것으로 널리 알려져 있습니다. 달라이 라마는 몸과 마음에 대한 왜곡된 인식으로 인해 탐욕이나 성냄 같은 잘못을 저지르고, 그로 인해 마치 소가 코뚜레에 꿰어 끌려가듯 온갖 문제에 빠져들게 된다고 알려 줍니다. 우리는 통찰 지혜를 키움으로써 자신뿐 아니라 주변의 많은 사람들을 끝없이 지속되는 고통으로부터 해방시킬 수 있습니다.

우선 자신에게 보여지는 모습과 실제 모습 간의 차이를 알아차리는 능력을 계발하는 수행법을 단계적으로 제시합니다. 1장에서 자기 자신에 대한 왜곡된 인식들을 바르게 알고 나면 2장에서는 왜곡된 인식들을 약화시키는 방법을 보여 줍니다. 이런 변화를 가져오기 위해 사용되는 방법은 겉으로 보이는 모습에 의문을 던지는 불교적 명상이며, 달라이 라마는 자신의 경험을 들어 이를 설명하고 있습니다.

달라이 라마는 실제 존재하는 것 위에 우리가 덧붙여 놓은 환상에서 벗어나 좀 더 현실적인 맥락에서 세상을 살아가는 법을 배울 수 있도록 다양하고도 실용적인 수행법을 알려 줍니다. 그러기 위해서는 만물이 상호 의존한다는 점을 존중하고, 우리가 맺고 있는 관계의 그물망이 우리 삶에 미치는 영향에 대해 고맙게 생각해야 합니다.

3장에서는 자신의 궁극적인 본성에 깊이 몰입하기 위해 집중과 통찰 지혜의 힘을 이용하는 방법을 설명하고 있습니다. 우리는 이를 통해 문제들을 근본적으로 해결하게 됩니다. 4장과 5장에서는 만물이 실제로 존재하는 방식에 대해 논하고 있습니다. 만물은 우리가 생각하는 식으로 존재하지 않기 때문입니다. 달라이 라마는 모든 것이 어떻게 생각에 의존하고 있는지, 즉 생각이 어떻게 우리가 인식하는 바를 구성하는지를 알게 합니다. 그의 목표는 존재한다는 것이 어떤 의미인지를 잘못된 개념 없이 정확히 알게 하고자 하는 것입니다.

이 책의 마지막 부분은 파괴적인 마음과 괴로움이 얼마나 불필요한 것인지를 보여 줌으로써 자비심을 키워 나가는 법을 설명합니다. 이렇게 볼 때 나에 대한 진정한 앎이야말로 나 자신이 발전하고 다른 사람들과 긍정적인 관계를 맺어 나가는 열쇠인 것입니다. 일단 자비가 통찰 지혜를 돕고 통찰 지혜가 자비를 돕게 하는 방법을 알게 되면, 이타적인 깨달음을 달성하는 단계에 대해 설명하는 이 책의 마지막 부분에 이르게 됩니다.

이 책은 그 자체로 티베트가 세계 문화에 기여할 수 있음을 보여 주는 한 예이며, 티베트인들이 자신의 조국을 잃지 않는 것이 얼마나 중요한지를 우리에게 일깨워 줍니다. 달라이 라마의 가르침은 통찰 지혜를 얻기 위해 우리가 절실하게 필요로 하는 수행법을 알려 주고 있으며, 그러한 가르침을 통해 드러나는 빛은 티베트 문화에 뿌리를 두고 있기 때문입니다.

제프리 홉킨스
_버지니아 대학교 티베트 연구 명예교수

우리는 어느 때보다 타인을 필요로 하는 시대에 살고 있습니다

아침에 일어나 뉴스를 듣거나 신문을 읽을 때마다 우리는 폭력, 전쟁, 재해 등과 같은 슬픈 이야기를 접하게 됩니다. 오늘날처럼 발전된 문명사회에서도 소중한 생명이 안전하지 않다는 것은 분명합니다. 내 기억에는 범죄가 발생했다는 뉴스를 듣지 않은 날이 단 하루도 없습니다. 공포나 갈등에 대한 나쁜 뉴스가 너무 많다 보니 연민을 지닌 존재라면 누구나 오늘날 우리가 이룩한 '발전'이라는 것에 대해 의문을 제기하지 않을 수 없을 것입니다.

아이러니하게도 가장 심각한 문제들은 선진 산업사회에서 발생하고 있다는 것입니다. 그들의 유례없이 낮은 문맹률이 오히려 불안과 불만만 키운 것 같습니다. 여러 분야, 특히 과학과 기술 분야에서 큰 발전을 이룩한 것에는 의심의 여지가 없지만, 지혜라는 측면에서는 충분한 발전을 이룬 것 같지 않습니다. 첨

단과학 시대에도 인간의 근본적인 문제들은 여전히 남아 있습니다. 우리는 평화를 이룩하지도 못했고 괴로움을 줄이지도 못했습니다.

나는 이러한 상황을 보면서 우리가 살아가는 방식이 크게 잘못되었으며, 이를 제때에 해결하지 않으면 인류의 미래에 큰 재앙이 올 수도 있다는 결론을 내렸습니다. 과학과 기술은 인류의 전반적인 발전에, 물질적 풍요와 행복에, 그리고 우리가 살고 있는 세상을 이해하는 데에 막대한 기여를 했습니다. 그러나 이러한 노력에만 너무 치중하다 보면 자칫 정직하고 이타적인 인성 계발에 도움이 되는 지혜를 잃어버릴 수 있습니다.

예로부터 우리가 지켜 온 정신적인 가치들은 오늘날 우리가 누리고 있는 문명의 발전에 큰 역할을 해 왔습니다. 과학과 기술이 이를 대체할 수는 없습니다. 물론 그 누구도 현대 문명이 가져온 물질적 혜택을 부인할 수는 없습니다. 하지만 우리는 여전히 고통과 공포 그리고 갈등에 직면해 있으며 그 정도는 과거 어느 때보다 더 심합니다. 중요한 것은 물질적 발전과 정신적 가치 간에 균형을 유지하는 것입니다. 큰 변화를 불러오려면 무엇보다 내면의 가치를 되살리고 강화시켜야 합니다.

나는 전 세계적인 도덕적 위기에 대한 나의 이 같은 우려에 여러분들이 공감해 주기를 바랍니다. 또한 우리 사회에 연민과 정의와 형평성이 더욱 가득해질 수 있도록 모든 인도주의자들과 종교 수행자들에게 힘을 보태 달라고 촉구해 주기 바랍니다.

나는 불자나 티베트인으로서가 아니라 한 인간으로서 이 부탁을 하고 있습니다. 또한 국제정치 전문가로서가 아니라 모든 존재에게 깊은 관심을 갖고 있는 불교의 입장에서 이 말을 하고 있습니다. 이러한 관점에서 다음과 같은 나의 믿음을 여러분과 함께 나누고자 합니다.

첫째, 전 세계의 문제들을 해결하려면 보편적인 관심이 꼭 필요합니다.
둘째, 자애와 연민은 세계 평화의 기둥입니다.
셋째, 모든 인도주의자들이 자신의 이념에 관계없이 세계 평화를 발전시키고자 하듯이, 모든 종교는 세계 평화를 발전시키고자 합니다.
넷째, 우리 모두는 지금 세계가 당면한 문제를 해결하는 데에 도움이 될 수 있는 제도를 만들 책임이 있습니다.
이들을 하나씩 살펴봅시다.

_ 전 세계의 문제들을 해결하려면 보편적인 관심이 꼭 필요하다

오늘날 우리가 직면하고 있는 많은 문제들 가운데 자연재해는 차분하게 받아들이는 수밖에 없습니다. 그러나 어떤 문제들은 우리 자신이 만들어 낸 것으로, 이런 문제들은 우리 스스로가 해결할 수 있습니다. 그런 문제 중 하나가 정치적 혹은 종교적 이념의 갈등으로부터 발생하는 문제입니다.

사람들이 자신의 신념이나 이념 때문에 서로 싸울 때는 우리를 인간이라는 하나의 가족으로 결속시켜 주는 기본적인 인류애를 놓쳐 버립니다. 모든 종교나 이념, 정치체제는 인간이 행복해지기 위해서 만들어 낸 것임을 잊지 말아야 합니다. 이 근본적인 목표를 한시라도 잊어서는 안 됩니다. 단 한순간도 수단을 목적 위에 두어서는 안 됩니다. 우리는 이념보다 연민을 앞세워야 합니다.

지구상에 존재하는 모든 생물이 직면하고 있는 최대의 위험은 핵 파괴의 위협입니다. 이 위험에 대해서는 굳이 설명할 필요조차 없을 것입니다. 나는 인류의 미래를 자신의 손에 쥐고 있는 핵보유국의 지도자들에게, 그러한 가공할 파괴력을 지닌 무기를 계속 만들어 내고 있는 과학자들과 기술자들에게, 그리고 모든 사람들에게 핵무장을 해제할 것을 간곡히 호소하는 바입니다. 핵전쟁이 발발할 경우 그 누구도 승자가 될 수 없다는 점을 우리는 잘 알고 있습니다.

핵무기로 인한 비인간적이고 처참한 파괴는 생각하는 것만으로도 끔찍하지 않습니까? 그것을 안다면 우리 자신을 파괴할 수 있는 잠재적인 원인을 즉각 제거하는 것이 이치에 맞지 않을까요? 문제를 해결할 수 없는 것은 종종 그 원인을 알지 못하거나 아니면 그 원인을 안다고 해도 그것을 제거할 수단이나 시간이 없기 때문입니다. 하지만 핵 위협은 어느 경우에도 해당하지 않습니다.

인간이든 동물이든 살아 있는 모든 존재는 평화와 안락함, 그리고 안전함을 추구합니다. 생명은 인간만이 아니라 동물에게도 소중합니다. 가장 단순한 형태의 생물인 곤충도 자신의 생명을 위협하는 것으로부터 자기 자신을 보호하려고 애씁니다. 인간이 살고 싶어 하고 죽기 싫어하는 것처럼 다른 모든 생명체도 마찬가지입니다. 물론 그것을 위해 노력할 수 있는 힘은 각기 다르지만 말입니다.

넓게 보면 행복과 고통에는 정신적인 것과 육체적인 것, 두가지가 있습니다. 나는 정신적 고통과 행복이 육체적 고통과 행복보다 영향력이 크다고 믿습니다. 그렇기 때문에 고통을 다스리고 행복한 상태를 오래 유지하기 위한 방법으로써 마음을 훈련시키라고 강조하는 것입니다.

내면의 평화와 경제적 능력, 그리고 세계 평화가 결합되었을 때 행복은 다가옵니다. 그러한 목표를 달성하려면 이념이나 피부색, 성별, 국적, 인종 등에 상관없이 보편적 책임감, 즉 모든 존재에 대한 깊은 관심을 키워야 합니다.

내가 원하는 것을 모든 존재들이 똑같이 원한다는 단순한 사실을 알고 나면 보편적 책임감을 느끼지 않을 수 없습니다. 모든 존재들은 행복하기를 원하고 고통을 원하지 않습니다. 우리가 이런 사실을 존중하지 않는다면 지구상에는 고통만이 늘어갈 것입니다. 만일 다른 생명에 대해 자기중심적인 입장을 취하고 자신의 이익만을 위해 다른 생명을 끊임없이 이용하려 한다면 일시적으로는 이익을 얻을 수 있겠지만 결국 개인의 행복이나 세계의 평화가 모두 불가능해집니다.

인간은 행복해지려고 여러 가지 방법을 동원해 왔으며, 이 방법들은 종종 매우 공격적이고 잔인한 것이었습니다. 사람들은 인간의 본성에 전혀 어울리지 않는 방식으로 끔찍하고 잔인한 행위를 저지르고, 자신의 이득을 위해 다른 생명에게 고통을 가해 왔습니다. 하지만 이런 좁고 편협된 행동들은 결국 우리 자신에게, 그리고 다른 이들에게 고통만을 가져올 뿐입니다.

인간으로 태어난다는 것은 그 자체로 엄청난 행운이며 이 기회를 가능한 유익하게 사용해야 합니다. 사람들은 모두 같은 것을 원하기 때문에 어떤 한 사람이나 집단이 다른 사람들을 희생시켜 가면서 자신의 행복이나 영광을 추구해서는 안 된다는 점을 항상 염두에 두어야 합니다.

이런 점들 때문에 지구상에서 일어나는 여러 문제들에 대해 연민을 갖고 접근할 필요가 있습니다. 지금 세계는 고도로 발전된 기술과 활발한 국제무역에 힘입어 더욱 가까워지고 있으며 더욱 상호 의존적이 되어 가고 있습니다. 우리는 그 어느 때보다도 서로를 필요로 하는 시대에 살고 있습니다.

옛날에는 대개 문제들이 가족 단위로 발생했습니다. 따라서 가족 수준에서 문제를 해결할 수 있었습니다. 하지만 이제 상황은 변했습니다. 오늘날 어느 한 나라의 문제는 더 이상 그 나라

혼자서 해결할 수 없습니다. 너무 많은 것들이 다른 나라의 이익이나 그들의 태도와 협력에 달려 있습니다.

전 세계적인 문제에 대해 총체적으로 접근하는 것만이 세계 평화를 위해 탄탄한 기반을 만드는 유일한 길입니다. 우리는 이제 너무 밀접하게 서로 연관되어 있습니다. 그렇기 때문에 보편타당한 책임감이 필요합니다. 우리 모두가 인류라는 한 가족의 일원임을 이해하지 못하면 평화와 행복은 고사하고 우리 존재 자체에 대한 위험도 극복할 수 없습니다.

모든 존재들이 행복을 소중히 여기고 고통을 원하지 않는다는 점을 인식하게 되면 인류라는 한 가족의 다른 구성원들을 무시하고 나 혼자만의 행복을 추구하는 것이 도덕적으로 바르지 못할 뿐 아니라 실질적으로도 어리석은 일임을 알게 됩니다. 나 자신의 행복을 추구하면서 동시에 다른 사람의 행복까지 고려하는 것은 '현명한 이기주의'이며 이는 바라건대 '타협적인 이기주의'나 '상호 이익'으로 바뀌게 될 것입니다.

연민을 키우는 것이 다른 사람들을 위해서는 좋지만 자기 자신을 위해서는 반드시 좋은 것만은 아니라고 생각하는 사람들이 있습니다. 하지만 그렇지 않습니다. 가장 직접적인 혜택을 입는 사람은 오히려 자기 자신입니다. 왜냐하면 연민은 우리 마음속에 평온함과 내면의 힘, 깊은 자신감과 만족감을 심어 주는 반면 연민을 받은 대상이 실제로 혜택을 받는지 아닌지는 분명하지 않기 때문입니다. 자애와 연민은 스트레스와 불신과 외로움을 줄여 줍니다. 최근에 어떤 서양 의사로부터 '나', '나의', '나를' 같은 말을 자주 하는 사람들이 그렇지 않은 사람보다 심장 마비를 일으킬 위험이 더 높다는 말을 들었는데 나는 그 의사의 의견에 전적으로 공감합니다. 자기중심적인 생각에 빠져 모든 관점이 나 자신에게로 좁혀지면 아주 사소한 문제도 참을 수 없게 됩니다.

사람들은 국가 간의 상호 의존성이 높아짐에 따라 서로 더 협력하게 될 것이라고 예상하지만 다른 사람들의 감정과 행복에 무관심한 상태에서는 순수한 협력 정신을 이끌어 내기가 쉽지 않습니다. 탐욕과 질투심에 사로잡힌 상태에서 조화롭게 살기란 불가능한 일입니다. 자기중심적인 생각으로 인해 일어나는 모든 정치적 문제들을 해결하려면 정신적인 접근 방식이 필요합니다. 물론 그 같은 방식이 오늘날 우리가 직면하고 있는 문제들을 하루아침에 해결하지는 못하더라도, 언젠가는 그 같은 문제들의 원인을 근본적으로 해결하여 결국 완전히 없앨 수 있을 것입니다.

세계는 점점 더 가까워지고 있으며 이제 세계 곳곳에서 일어나는 일들이 우리의 일상에 깊숙이 파고드는 정도에 이르렀습니다. 그러므로 우리가 적이라고 생각하는 상대를 파괴하는 것은 곧 우리 자신을 파괴하는 것이기도 합니다. 이제는 전쟁이라는 개념 자체가 시대에 맞지 않습니다. 20세기가 '다툼의 세기'였다면 21세기는 '대화의 세기'가 되어야 합니다.

인류가 계속해서 임시방편으로 문제를 해결하려 한다면 우리의 미래 세대는 엄청난 어려움에 처하게 될 것입니다. 세계의 인구는 늘고 있고 자원은 빠르게 고갈되고 있습니다. 대규모로 이뤄지는 삼림 벌채가 기후, 토양, 그리고 지구 생태계에 미치는 파괴적인 영향에 대해 생각해 보십시오. 지금 우리는 재난에 직면해 있습니다. 편의와 이기주의에 사로잡혀 지구가 장기적으로 필요로 하는 것들을 간과하기 때문입니다. 우리가 이런 문제들을 지금 심각하게 고민하지 않는다면 미래 세대가 제대로 대처하는 것이 더 어려워질 수도 있습니다.

_ 자애와 연민은 세계 평화의 기둥이다

불교 심리학에 따르면 우리가 안고 있는 문제들의 대부분은 우리 자신이 영원하다고 착각하고 그것에 애착하기 때문에 생겨납니다. 그러한 착각으로 인해 서로 경쟁하고 상대방을 공격하는 것이 우리가 바라는 것들을 구하는 데 도움이 된다고 생각합니다. 그러나 공격과 경쟁은 호전성만 키울 뿐입니다.

이런 잘못된 생각은 우리 인간의 마음속에 항상 자리하고 있었습니다. 더구나 문명의 발달로 자원을 개발하고 소비할 수 있는 엄청난 기술력을 갖게 되면서 그런 잘못된 생각에 따라 행동할 수 있는 능력이 더 커졌습니다.

사물의 본래 모습을 알지 못하는 무지가 만들어낸 탐욕과 공격성은 세상에 점점 더 그 해악을 퍼뜨립니다. 인간적인 방법으로 해결하려 한다면 문제는 간단하게 해결되지만 비인간적인 방법을 동원하려 든다면 문제를 더 키우게 됩니다.

이 같은 문제들을 없애 주는 인간적인 처방은 바로 자애와 연민입니다. 자애와 연민은 세계 평화를 위한 필수 요소입니다. 우리는 사회적인 동물입니다. 우리를 함께 묶어 주는 주된 요소는 자애와 연민입니다. 가난한 사람들에게 자애와 연민을 보낼 때의 우리 감정은 '남을 위한 마음' 즉 이타심에 기반을 둔 것입니다. 반대로 남편과 아내, 자식, 혹은 가까운 친구들을 향한 사랑은 종종 집착과 뒤섞여 있습니다. 집착이 아닌 이타심에 기반을 둔 사랑은 많은 문제들을 해결해 주는 가장 효과적인 대응책입니다.

먼저 내 안에서 자애와 연민을 계발하고 그 경계를 무한대로 넓혀 나가는 노력을 해야 합니다. 우리에게 해를 입힌 적에게도 차별하지 않고 자발적이며 무한한 자애와 연민을 보낼 수 있어야 합니다. 그때 자애와 연민은 놀라운 힘을 발휘합니다.

불교는 모든 존재를 어머니처럼 소중하게 생각하고 또한 어머니에 대해 사랑을 표현하는 것처럼 모든 존재를 사랑하라고 가르칩니다. 태어나서 우리가 처음으로 하는 행동 가운데 하나가 어머니의 젖을 빠는 것입니다. 어머니의 젖은 사랑과 연민의 상징입니다. 원숭이에 대한 과학자들의 연구에 따르면, 오랜 기간 동안 어미와 떨어져 지낸 새끼들은 거칠고 긴장되어 있으며 다른 원숭이들에게 친밀감을 표현하는 능력이 부족하다고 합니다. 반면 어미 품에서 자란 새끼들은 스스럼없이 잘 지냈는데 이것은 그들이 행복하다는 것을 의미한다고 밝혔습니다.

불교적 관점에서 본다면 우리는 헤아릴 수 없이 많은 생을 태어나고 또 태어납니다. 이는 모든 존재가 언젠가 한 번은 우리의 부모였을 수도 있음을 의미합니다. 이렇게 모든 존재는 가족이라는 유대감을 공유합니다.

태어나는 그 순간부터 우리는 부모의 보살핌과 사랑을 받습니다. 나이가 들어 병들고 늙는 괴로움에 직면하면 우리는 또다시 다른 사람들의 보살핌에 의존해야 됩니다. 삶의 시작과 끝에서 다른 사람들의 보살핌에 의존해야만 한다면 살아가는 동안에는 당연히 우리가 다른 사람들을 보살펴 주어야 하지 않을까요?

친절한 마음, 즉 모든 존재에 대한 자애로운 마음을 가꾸기 위해 반드시 종교적 수행이 필요한 것은 아닙니다. 그것은 종교를 가진 사람들만을 위한 것이 아니라 세상의 모든 사람들을 위한 것입니다. 인종이나 종교 혹은 정치적 이념에 상관없이 자신이 인류라는 가족의 일원이라고 생각하여 보다 넓고 더 장기적인 안목을 기꺼이 받아들이려 하는 모든 사람들을 위한 것입니다.

자애와 연민이라는 기본 가치는 태어나는 순간부터 이미 우리 안에 존재하지만 인종적, 민족적, 정치적, 신학적 관점은 나중에 생겨납니다. 폭력은 우리 인간의 본성에 맞지 않습니다. 그렇다면 왜 온갖 폭력은 뉴스거리가 되는 데 반해 연민에 찬 행동은 그렇지 못한지 의문이 들 수 있습니다. 그 이유는 폭력은 충격적이고 인간의 본성과 일치하지 않는 데 반해 연민에 찬 행동은 인간의 본성에 더 가까워서 우리가 그것을 당연하게 여기기 때문입니다.

모든 존재는 행복을 원하고 고통을 피하고 싶어 한다는 점에서, 그리고 한 사람은 셀 수 없이 많은 사람들에 비해 상대적으로 덜 중요하다는 점에서 우리가 가진 것들을 다른 사람들과 나누는 것은 참으로 의미 있는 일입니다. 다른 사람을 사랑하고 보살핌으로써 얻는 행복은 자신만을 위함으로써 얻는 행복보다 훨씬 더 가치가 있습니다.

우리 삶은 끊임없이 변화하고 있으며 그로 인해 많은 문제들이 생겨납니다. 하지만 정신적인 수행을 통해 평온하고 맑은 마음을 갖추게 되면 그런 문제들을 해결할 수 있습니다. 증오와 이기심, 그리고 질투와 분노로 우리 마음이 어두워지면 통제력뿐만 아니라 판단력도 잃게 됩니다. 그런 혼돈의 순간에는 전쟁을 비롯한 수많은 나쁜 일들이 일어날 수 있습니다.

자비와 지혜를 키우는 수행은 우리 모두에게 이익이 되지만 국가를 책임지는 사람들, 즉 세계 평화의 기틀을 마련할 수 있는 힘과 기회를 손에 쥐고 있는 사람들에게는 특히 더 가치가 있습니다.

_ 행복을 구하는 모든 종교가 우리의 종교이다

내가 언급하는 원칙들은 모든 종교들의 윤리적 가르침과 일치합니다. 나는 불교, 기독교, 천주교, 유교, 힌두교, 이슬람교, 자이나교, 유대교, 시크교, 도교, 조로아스터교 등 모든 종교가 사랑을 이상으로 삼고, 정신적 수행을 통해 인류에게 도움을 주고자 하고, 자기 신자들이 더 나은 사람이 되게 하기 위해 노력한다고 생각합니다.

모든 종교는 마음과 몸, 말과 행동의 발전을 위해 거짓말하지 말고 훔치지 말고 다른 사람의 목숨을 빼앗지 말라는 등의 도덕적 계율을 가르칩니다. 또한 이타심은 모든 위대한 정신적 지도자들이 공통적으로 제시하는 가치입니다. 이는 신자들이 해로운 행동을 하지 않고 선한 길을 가도록 이끄는 기반입니다.

모든 종교는 통제되지 않은 마음과 이기심 등을 다스려 평온하고 지혜로운 정신 상태로 나아가야 할 필요성에 공감합니다. 이런 점에서 나는 모든 종교가 기본적으로 같은 메시지를 전하고 있다고 믿습니다. 물론 교리나 문화적 차이로 인해 종교적으로 논쟁이 벌어지면 다툼이 끝이 없을 것입니다. 그러나 접근 방식에 대한 사소한 차이에 대해 논쟁하기보다는 모든 종교들이 가르치는 선함을 일상생활에서 행하는 것이 훨씬 더 중요합니다.

특정 질병에 수많은 치료법이 있듯이 이 세상에는 우리 인류에게 안락과 행복을 주고자 애쓰는 수많은 종교가 있습니다. 모든 종교는 살아 있는 존재들이 불행을 피하고 행복을 찾을 수 있게 해 주려고 노력합니다. 물론 어떤 종교의 관점을 다른 종교의 관점보다 더 선호할 수는 있습니다. 하지만 우리에게는 화합을 해야만 한다는 분명한 목표가 있으며 이는 인류의 공통된 바람으로부터 생겨난 목표입니다.

모든 종교는 개인의 고통을 줄이고 세계 평화에 기여하고자 노력합니다. 나는 사람들을 불교로 개종시키거나 불교적 견해를 강요하고 주장하려는 생각이 없습니다. 다만 불자로서 어떻게 하면 살아 있는 모든 존재의 행복에 기여할 수 있는가에 대해서만 생각하고자 합니다.

나는 다양한 종교들 간의 근본적인 유사점을 언급하는 것이지 새로운 '세계 종교'를 주장하는 것이 아닙니다. 우리 인간의 경험과 세계 문명을 풍요롭게 하려면 세계의 종교들이 모두 필요합니다. 인간의 마음은 너무나 다양하기 때문에 평화와 행복에 이르는 접근법 또한 다양할 수밖에 없습니다. 그것은 이 세상에 다양한 음식이 있는 것과 마찬가지입니다.

어떤 사람들은 기독교에 더 매력을 느낍니다. 또 어떤 사람들은 창조주를 내세우지 않고 모든 것이 자신의 행동에 달려 있다고 하는 불교를 선호합니다. 기독교나 불교 외에 다른 종교들에 대해서도 비슷한 예를 들 수 있습니다. 요점은 분명합니다. 인류는 다양한 삶의 방식과 다양한 정신적 요구, 오랫동안 전해 내

려온 각 국가의 전통에 따라 세계의 모든 종교를 필요로 합니다.

이런 관점에서 나는 여러 종교들이 서로를 더 잘 이해하기 위해 세계 각지에서 벌이고 있는 노력을 환영하는 바입니다. 만약 모든 종교들이 인류의 발전을 주요 관심사로 삼는다면 세계 평화를 위해 얼마든지 서로 협력할 수 있습니다. 예를 들어 '세계 교회주의' 같은 노력은 모든 종교들이 함께 일하는 데 필요한 결속력을 이끌어 낼 것입니다.

물론 이와 같은 노력이 중요한 발걸음이기는 하지만 다양한 종교들 간의 교리적 차이를 조율하는 쉽고 빠른 방법은 없으며, 또한 모든 사람들을 만족시키는 새로운 보편적인 종교가 나오기를 기대할 수도 없다는 점을 잊지 말아야 합니다. 각각의 종교는 자기 나름의 방식으로 기여하고 있으며 각각의 사람들의 취향에 맞는 각각의 종교는 모두 필요합니다.

세계 평화를 염려하는 종교 수행자들에게는 두 가지 주요한 과제가 있습니다. 첫째는 모든 종교들 간에 실행 가능한 정도의 화합을 이룩하기 위해서 종교 간의 이해를 증진해야 한다는 것입니다. 상대방의 종교를 존중함으로써 우리의 공통 관심사인 인류의 행복을 어느 정도 달성할 수 있습니다. 둘째는 모든 인간의 마음에 와 닿는 기본적인 정신적 가치들에 대해 실행 가능한 합의를 이루어야 한다는 것입니다. 이 두 가지 방법을 통해서 개별적으로 그리고 함께 세계 평화에 필요한 정신적인 조건을 만들어 나갈 수 있습니다.

정신적 가치보다 정치적 이념이나 상업주의를 우위에 두려는 조직적인 시도에도 불구하고 대부분의 사람들은 여전히 어느 한 종교를 믿고 있습니다. 억압적인 정치체제 하에서조차 군건한 신앙을 놓지 않는 것을 보면 종교의 힘이 얼마나 큰지 알 수 있습니다. 이러한 정신적 에너지야말로 우리가 세계 평화를 위해 활용할 수 있는 힘입니다. 전 세계의 종교 지도자들과 인도주의자들은 이러한 점에서 특별한 역할을 해야 합니다.

세계 평화를 달성하든 못 하든 간에 우리는 그 같은 목표를 향해 끊임없이 노력하지 않을 수 없습니다. 분노가 자애와 연민을 압도하도록 내버려 둔다면 우리는 인류의 가장 소중한 자산인 지혜, 즉 옳고 그름을 가릴 수 있는 능력을 잃어버리게 될 것입니다. 분노는 이기심과 더불어 오늘날 세계가 당면하고 있는 가장 심각한 문제들 중 하나입니다.

_ 한 사람 한 사람이 제도를 만드는 데 노력해야 한다

고도로 산업화된 국가들과 경제적으로 발달하지 못한 국가들 간의 갈등뿐만 아니라 중동과 아시아에서 현재 벌어지고 있는 분쟁에서도 분노는 큰 역할을 하고 있습니다. 이와 같은 갈등은 우리가 얼마나 많은 공통점을 갖고 있는지를 모르기 때문에 발생합니다. 해답은 개발을 하거나 더 큰 군사력을 쓰는 것에 있지 않습니다. 또한 그 해답은 전적으로 정치적이거나 기술적인 것도 아닙니다.

우리가 오늘날 당장 마주하고 있는 문제들은 어떤 한 사람 혹은 어떤 한 가지 원인 때문에 생긴 것이라기보다는 오래 전부터 우리가 저지른 잘못들로부터 비롯된 것입니다. 중요한 것은 우리 모두가 가지고 있는 공통점을 인지하는 것이며 이는 기본적으로 정신적인 접근법입니다.

증오와 싸움은 어느 누구에게도, 심지어 싸움의 승자에게도 행복을 가져다주지 못합니다. 폭력은 항상 불행을 낳기 때문에 기본적으로 해롭습니다. 지금은 세계의 모든 지도자들이 인류가 처한 상황을 올바르게 이해하고, 이를 바탕으로 서로를 대하고 인종과 문화, 그리고 이념의 차이를 초월하는 법을 배울 때입니다. 그렇게 함으로써 개인과 사회, 국가, 그리고 전 세계를 발전시킬 수 있습니다.

인터넷을 비롯한 대중매체는 우리 모두가 궁극적으로 하나임을 보여 주는 인류의 공통 관심사들을 더 크게 보도함으로써 상당한 기여를 할 수 있습니다. 나는 모든 국제기구들, 특히 국제연합(UN)이 인류에 봉사하고 나라 간 이해를 촉진하는 일에 좀 더 적극적이고 효과적인 역할을 해 주기 바랍니다. 만일 소수의 강대국들이 자신들의 일방적인 이익을 위해서 국제연합 같은 세계 기구를 이용한다면 이는 크나큰 비극을 초래할 것입니다. 국제연합은 세계 평화의 가장 주도적인 도구가 되어야 합니다. 국제연합은 작고 억압당하는 국가들, 나아가 지구 전체의 유일한 희망입니다.

각 국가 안에서는 개인이 행복을 이룰 수 있는 권리가 보장되어야 하고, 국가들 간에는 약소국의 복지도 강대국과 똑같이 고려되어야 합니다. 나는 어느 한 제도가 다른 제도보다 우월하므로 모두가 그것을 똑같이 따라야 한다고 말하는 것이 아닙니다. 오히려 인류 사회의 다양한 성격을 고려할 때 다양한 정치체제와 이념이 있는 것이 바람직합니다. 이러한 다양성으로 인해 우리가 행복해질 수 있는 가능성이 더 높아집니다. 그러므로 각 나라는 자주적 결정의 원칙에 따라서 자국의 정치체제와 사회경제제도를 자유롭게 발전시킬 수 있어야 합니다.

또한, 모든 국가들은 과거 어느 때보다 더 경제적으로 서로 의존하고 있기 때문에 사람들 간의 협조는 국경을 넘어 국제사회 전체로 퍼져야 합니다. 무력을 사용하거나 위협하는 대신 진심 어린 이해를 바탕으로 순수한 협력의 분위기를 조성해야 합니다. 그렇게 하지 못한다면 세계가 당면하고 있는 문제들은 늘어만 갈 것입니다.

부유한 국가와 가난한 국가 간의 격차는 도덕적으로 올바르지 못할 뿐 아니라 실질적으로도 모든 문제들을 만드는 근원입니다. 가난한 국가의 국민들이 자기가 갈망하고 또 마땅히 받아야 할 행복을 누리지 못한다면 그들은 불만에 차서 문제를 일으킬 것이고 결국 부유한 국가들에게까지 그 영향이 미치게 될 것입니다. 사회적, 정치적, 문화적 제약이 그것을 원치 않는 사람들에게 계속 가해질 경우 세계 평화의 전망은 흐려집니다. 그러나 우리가 마음을 열고 서로를 만족시키기 위해 노력한다면 평화는 분명 찾아올 것입니다.

우리 앞에 놓여 있는 엄청난 문제들은 인류애를 바탕으로 한 방법 말고는 해결할 수 없습니다. 나는 지금 제안하고 있는 방안 외에 다른 대안을 찾을 수가 없습니다. 한 국가가 다른 국가의 안녕에 대해 염려해야만 하는 이유는 그것이 모든 인류가 공유하는 열망이기도 하지만, 장기적으로는 모든 나라에 서로 이익이 되기 때문입니다. 우리는 당장 눈앞의 이익보다는 인류의 장기적인 이익을 생각해야 합니다.

정의롭고 평등한 사회를 건설하려는 노력은 과거에도 있었습니다. 반사회적인 세력과 싸우기 위해 고귀한 헌장과 다양한 제도들이 만들어졌습니다. 하지만 불행하게도 그런 노력들은 이기심과 탐욕에 눌려 제대로 힘을 발휘하지 못했습니다. 오늘날에도 여전히 이기심으로 인해 도덕과 숭고한 원칙들이 손상되고 있습니다. 이는 정치권에서 특히 심합니다.

도덕성이 결여된 정치는 인류의 행복을 향상시키지 못합니다. 우리 삶에서 도덕성이 빠진다면 인간은 짐승의 수준으로 떨어지고 말 것입니다. 그래서 아예 정치를 외면하려는 사람들도 있습니다. 하지만 정치 자체가 더러운 것은 아닙니다. 정치의 잘못된 제도와 문화가 우리의 높은 이상과 숭고한 열망을 왜곡시켜 왔을 뿐입니다.

도덕성과 품위, 연민과 지혜는 모든 문명의 토대입니다. 좀 더 인간적인 세상이 올 수 있도록 이런 가치들을 어린 시절부터 심어 주어야 하며, 체계적인 도덕교육을 통해 이를 계속 유지시켜 주어야 합니다.

우리는 다음 세대가 이러한 변화를 이룩할 때까지 그냥 기다리고만 있을 수는 없습니다. 우리 스스로가 기본적인 인간의 가치를 되살리려는 노력을 해야 합니다. 전 세계적으로 교육제도를 크게 개혁하지 않는다면 희망을 기대할 수 없습니다. 보편 타당한 가치를 실현하려면 일대 혁명이 필요합니다.

도덕적인 퇴보를 멈추려면 큰소리로 구호를 외치는 것만으로는 충분하지 않습니다. 우리는 실제로 무언가를 해야만 합니다. 오늘날에는 정부가 그러한 '종교적' 책임을 짊어지지 않기 때문에 인도주의자들과 종교 지도자들이 기존의 시민, 사회, 문화, 교육, 종교 조직을 강화하여 인간적, 정신적 가치를 되살려내야 합니다. 필요하다면 이러한 목표를 달성하기 위해 새로운 제도를 만들어야 합니다. 그렇게 함으로써 세계 평화를 위한 안정적인 기반을 만들 수 있습니다. 자애와 연민의 씨앗은 본래 우리 안에 있지만 그 씨앗을 싹 틔우고 기르는 것은 교육을 통해서만 가능합니다.

인류가 당면하고 있는 많은 문제들을 해결하려면 학자, 교육자, 사회사업가, 신경과학자, 물리학자 및 모든 분야의 전문가들이 함께 모여 우리의 교육제도에 새로 도입해야 할 것들과 바꿔야 할 것들이 무엇인지, 그리고 우리가 지금까지 이룩해 놓은 것들의 긍정적인 면과 부정적인 면이 무엇인지 논의해야 합니다. 적절한 환경을 조성하는 것은 아이들이 건강하게 성장하는 데 매우 중요한 역할을 합니다. 테러리즘을 비롯한 많은 문제들은 유치원에서부터 다른 사람들에 대해 배려하는 것을 가르침으로써 해결할 수 있습니다.

우리는 한 사회의 구성원으로서 이웃의 괴로움을 함께 나눠야 하며 사랑하는 사람들뿐 아니라 미워하는 사람들에게도 연민과 관용을 실천해야 합니다. 이것은 우리 인류의 도덕적 힘에 대한 시험대입니다. 우리는 스스로 실천을 통해 본보기를 보여야 합니다. 우리가 다른 사람들이 해주기를 바라고 기대하는 것과 같은 정도로 성실하게 살아야 합니다. 궁극적으로 우리의 목표는 이웃에 봉사하고 세계 평화에 도움이 되는 사람이 되는 것입니다.

나는 이 책을 통해서 탐욕과 성냄 같은 해로운 마음들의 근본 원인을 우리 자신 안에서 발견하고, 나아가 우리에게 고통을 주는 해로운 마음들을 근원적으로 없애고 그것을 자비와 지혜로 대체하는 불교적 수행법을 설명함으로써 조금이나마 세계 평화에 기여하고자 합니다.

1장.
통찰 지혜, 나와 세상을
바르게 보는 힘

손에 가시가 박히면 바늘로 빼 버리면 되지만
내 마음속에 있는 생각을 없애려면
그 생각의 바탕이 되는 잘못된 인식을 분명히 보아야만 합니다.

1

통찰 지혜를 기르기 위한
기초 다지기

수행을 시작할 때는
우리에 갇힌 사슴이 달아나려 기를 쓰듯
그렇게 절박하게 하라.
수행의 중간에는
곡식을 거두어들이는 농부가 한시도 허비하지 않듯
그렇게 꾸준히 하라.
수행의 끝에는
목동이 양 떼를 몰고 집으로 돌아오듯
그렇게 편안히 하라.

-뻴툴 린포체,《성스러운 말씀》

세상에는 왜 이렇게 많은 문제들이 생겨날까요? 삶은 왜 이
리 힘이 들고 괴로울까요? 그것은 우리가 만들어내는 해로운 마

음(감정)들 때문입니다. 우리가 만드는 해로운 마음들이 우리 자신에게 크고 작은 나쁜 영향을 끼치는 것입니다. 그렇다고 해로운 마음이 생기고 나쁜 감정이 일어날 때마다 일일이 대응해서 없앨 수 있을까요? 그렇게 하려면 아마도 끊임없이 나와의 싸움을 벌여야 할 것입니다.

불교 경전에 보면 '탐욕'이라는 해로운 마음을 다스리기 위한 명상 수행법들이 나와 있습니다. 그중에 부정관不淨觀이라는 수행법이 있습니다. 이는 육체의 더러움을 바로 보고 물질의 한계를 깨달아 번뇌와 욕망을 떨쳐버리는 수행법입니다. 부정관은 우리 몸을 살, 뼈, 장기, 피, 똥, 오줌 등의 32가지 부분으로 나누어 관찰하며 명상합니다. 부정관 수행을 통해 우리 몸을 아름다운 것이 아니라 혐오스러운 것으로 보게 되면 탐욕이 얼마나 허무하고 어리석은 마음인지 알게 됩니다. 그러나 부정관은 일시적으로 탐욕을 다스릴 수 있지만, 또 다른 해로운 마음인 '성냄'을 다스리는 데에는 별로 효과가 없습니다.

이와 다르게 자애慈愛 명상은 모든 존재들이 행복하고 고통이 없기를 바라는 수행법입니다. 자애 명상을 통해 어떤 대상도 미워할 만한 이유가 없다는 것을 이해하고, 사랑스러운 존재로 바꾸어 보게 되면 성냄이라는 해로운 마음이 일시적으로 다스려집니다. 하지만 자애 명상은 탐욕을 다스리는 데에는 별로 효과가 없습니다. 이는 특정한 질병을 치료하기 위해 쓰이는 약이 그 병에만 효과가 있고 다른 병에는 별로 효과가 없는 것과 마찬가지 이치입니다.

그러므로 우리 안에 일어나는 온갖 해로운 마음에 대해 효과적으로 대응하려면 그런 마음을 일으키는 근본 원인이 무엇인지를 알고, 근본 원인을 없애야 합니다.

내 안에서 해로운 마음을 일으키는 근본 원인은 무엇일까요? 바로 '무지無智'입니다. 세상의 본질적인 모습을 모르는 무지 때문에 성냄, 화, 절망 같은 해로운 마음이 생겨나는 것입니다. 그러므로 무지를 극복하는 수행을 하면 우리에게 온갖 괴로움을 가져오는 해로운 마음들을 근본적으로 없앨 수 있습니다.

무지를 없애 주는 약, 우리의 모든 문제를 해결해 주는 약이 바로 '통찰 지혜' 즉, 본질을 바르게 보는 지혜입니다.

_ **무지란 무엇인가**

내 안의 통찰 지혜를 깨우려면 먼저 무지가 무엇인지를 정확하게 알아야 합니다. 여기서 말하는 무지는 단순히 무엇을 '모르는 것'이 아닙니다. 사물의 있는 그대로의 모습을 '잘못 이해하고 있는 것'을 의미합니다.

우리는 모든 사람과 사물이 스스로 존재한다고, 즉 '고정불변한 실체, 혹은 자성이 있다'고 착각합니다. 이것이 바로 무지입니다. 이 세상 만물은 상호 의존하여 존재합니다. 스스로 혼자 존재하는 고정된 실체는 없습니다. 이 사실을 알지 못하는 것이 무지입니다. 우리가 꿈을 꿀 때 꿈을 자각하지 못하는 것과 같이 무지를 아는 것은 어렵습니다. 이를 단박에 이해하기란 쉽지 않을 것입니다. 그러나 이 같은 잘못된 인식이 탐욕과 성냄 같은 온갖 해로운 마음들을 일으키는 것은 분명하기에, '내가 잘못 생각하고 있구나' 하고 무지를 알아차리는 것은 매우 중요합니다.

부처님의 수많은 가르침은 통찰 지혜를 얻어 한 생에서 다음 생으로 끊임없이 이어지는 윤회에서 벗어나도록 하는 데에 그 목적을 두고 있습니다. 그런데 우리는 무지로 인해 사람이나 사물에 실제로 있지도 않은 실체성을 부여하고 그로 인해 온갖 해로운 마음에 끌려 다닙니다. 무지로 인해 만들어진 괴로움에서 헤어나지 못하고, 바른 지혜를 얻지 못하는 것입니다.

이것이 무지가 무엇인지, 우리가 무엇을 잘못 인식하고 있는지를 명확히 알아야 하는 이유입니다. 우리는 왜 모든 존재나 현상에 고정불변한 실체가 있다는 잘못된 생각을 하는지, 또 이런 근본적 오해를 바탕으로 얼마나 많은 개념들을 만들어 내고 있는지를 알아야 합니다.

먼저 우리가 세상의 모습을 잘못 알고 있음을 알아차리고 인지해야 합니다. 모든 존재와 현상은 다른 것들에 의존하지 않고 스스로 존재하는 것처럼 보이지만, 실제로는 '연기(緣起, 모든 현상은 무수한 원인과 조건이 상호 관계하여 성립됨)하여 일어납니다. 연기를 이해하면, '나'를 비롯한 모든 존재와 현상들이 우리가 알고 있는 것과 다른 방식으로 존재한다는 것을 비로소 알게 됩니다.

즉 세상 만물은 고정불변한 실체가 아니며 스스로 존재하지 않는다는 것을 깨닫는 첫걸음입니다.

'나는 누구인가'를 정확히 알려면 '내가 생각하는 나'와 '실제의 나', 그 둘 사이의 차이를 잘 알아야 합니다. 다른 존재들이나 세상의 모든 현상에 대해서도 마찬가지입니다.

'나는 누구인가'를 있는 그대로 이해하게 하는 것이 내가 이 책을 쓴 목적입니다.

명상해 보기
<1>

❶ 우리를 힘들고 괴롭게 하는 나쁜 마음의 근본적인 원인은 무엇일까요?
그것은 내 주위의 모든 존재와 나에게 일어나는 일들을 있는 그대로 보지
못하는 '무지'로 인해 일어납니다.

❷ 우리는 무지로 인하여 모든 존재와 현상이 스스로 존재하며 고정불변한
실체가 있는 것으로 왜곡해서 생각합니다.

❸ 탐욕이나 성냄, 분노 같은 해로운 마음을 일시적으로 억제하는 수행
방법이 있지만 그것은 근본적인 해결 방법이 아닙니다. 근본적인 해결
방법은 무지를 없애는 것입니다. 무지를 제거하면 탐욕과 성냄 뿐 아니라
우리를 괴로움으로 몰고 가는 모든 해로운 마음들이 영원히 사라집니다.

2

해로운 감정을 일으키는
근본 원인 알기

빛과 열기에 끌려
나방은 불꽃으로 달려든다.
비파 소리에 놀라
사슴은 사냥꾼이 오는 것도 모르고 서 있다.
꽃의 향기에 취해
벌레는 꽃 속에 갇힌다.
미끼에 현혹되어
물고기는 낚싯바늘로 달려든다.
진흙에 취해
코끼리는 진흙탕에서 헤어나지 못한다.

-뻴툴 린포체, 《성스러운 말씀》

우리가 무지에 사로잡히는 것은 바로 우리의 '감각' 때문입니다. 보고, 듣고, 냄새 맡고, 맛보고, 몸으로 느끼는 다섯 감각들을 통해 우리는 외부의 대상들이 스스로 존재하는 것이라고 생각합니다. 왜곡된 정보로 인해 외부의 대상에 대해 잘못된 생각을 갖게 되는 것입니다.

불교에서는 이처럼 잘못된 생각을 알아차리지 못하고 그대로 받아들이는 것을 '무지'라고 부릅니다. 무지는 겉으로 드러난 모습이 진실한 것인지에 대해 의문을 제기하지 않고 보이는 그대로 받아들입니다.

우리는 사물의 겉모습에 현혹되어 "이렇게 보이는 것이 진실이 아니면 무엇이 진실이겠는가!"라고 생각합니다. 그렇게 생각할수록 무지로 인해 왜곡된 생각은 커져만 갑니다.

예를 들어, 예쁜 물건을 보거나 멋진 사람을 만났을 때를 생각해 봅시다. 처음에는 단지 그 대상이 있다는 것을 인식할 뿐입니다. 이때의 마음은 중립적입니다. 그러나 그 대상에 계속 주의를 기울이다 보면 그것이 자신만의 독특한 매력을 지니고 있는 것처럼 보입니다. 이와 같이 어떤 대상이 보이는 모습대로 존재한다고 생각하고 그 대상에 집착하게 되면 대상에 대한 '탐욕'이 생깁니다. 또 애착하는 마음이 커져 그 대상을 손에 넣는 데 방해가 되는 것들에 대해 '화(성냄)'가 나기 시작합니다. 여기에 우리의 자아가 개입되면 대상과 자신과의 관계를 밀접하게 강조하면서 그 대상이 '나의 몸', '나의 물건', '나의 친구', 혹은 '나의 차' 등 '나의 것'이 됩니다.

우리는 원하는 대상을 만나면 그것의 좋은 점과 매력을 부풀려 생각하고, 결점이나 안 좋은 점은 외면해 버립니다. 그 대상으로 인해 즐겁고 기분이 좋아지므로 점점 더 집착하게 되는데, 마치 소가 코뚜레에 꿰여 끌려가듯 탐욕에 빠져들게 되는 것입니다. 반대로 원하지 않는 대상을 만나면 어떤가요. 그 대상의 추함을 과장하고 사소한 결함을 큰 결함으로 여기면서 그의 좋은 점들을 외면합니다. 그 대상으로 인해 불편하고 괴롭기 때문에 역시 소가 코뚜레에 꿰여 끌려가듯 그것을 싫어하고 미워하게 됩니다. 물론 그 대상이 좋지도 싫지도 않다면 탐욕이나 성냄을 일으키지는 않지만 그래도 본질을 모르는 무지의 상태는 계속됩니다.

인도의 학자이자 수행자인 나가르주나(龍樹)는《육십여리송六十如理頌》에서 다음과 같이 말했습니다.

고정된 실체가 있다고 믿는 사람들이
어떻게 해로운 마음을 일으키지 않을 수 있겠는가?
대상이 아무리 평범한 것이라고 해도
그들은 파괴적인 마음에 사로잡힌다.

'나' 그리고 '나의 것'이라는 잘못된 생각은 아만이나 남을 업신여기고 해치려는 마음을 일으킵니다. 파괴적인 마음은 결국 나 자신과 내가 살고 있는 사회, 심지어 국가에까지 해를 끼칩니다. 그러므로 반드시 자신의 마음을 들여다보고 이런 잘못된 생각을 바로잡아야 합니다.

인도의 사상가이자 수행자인 다르마키르티(法稱)는 다음과 같이 말합니다.

자아를 부풀려 생각하는 사람은
언제나 '나'에 집착한다.
그 집착을 통해
감각적 욕망에 대한 갈애渴愛가 생겨난다.
집착은 단점은 가리고 장점만을 보게 하는데
그로 인해 집착은 더 강해진다.
'나의 것'은 즐거움을 얻기 위한 수단이 된다.
따라서 자아에 집착하는 한
윤회의 굴레에서 벗어날 수 없다.

우리 내면에서 일어나고 있는 다양한 인식 과정을 이해하는 것은 매우 중요합니다. 어떤 마음은 단지 대상이 있다는 정도를 인식할 뿐입니다. 시간을 확인하려고 시계를 볼 때 탐욕이나 성냄과 같은 해로운 마음을 일으키지 않고 그냥 시계로 보는 것이 여기에 해당됩니다.

또 다른 마음은 대상이 좋은지 싫은지를 판단하기는 하지만 해로운 마음을 일으키지는 않습니다. 단지 좋은 것을 좋다고 싫은 것을 싫다고 인식할 뿐입니다.

그러나 여기에 대상이 고정된 실체로서 스스로 존재한다는 생각이 자리 잡으면 근본적인 무지가 생겨납니다. 고정된 실체가 있다는 왜곡된 생각으로 인해 탐욕이나 성냄이 생겨나는 것입니다.

'그저 있을 뿐'이라는 단순한 인식이 탐욕이나 성냄으로 변질되는 전환점은 무지로 인해 대상의 좋은 점과 싫은 점이 부풀려짐으로써 그 대상이 본래 좋거나 본래 나쁜 것으로, 본래 매력적이거나 본래 혐오스러운 것으로, 혹은 본래 아름답거나 본래 추한 것으로 여겨지기 시작할 때부터입니다.

무지로 인해 이렇게 왜곡된 모습을 '실제'라고 착각하게 되면 탐욕과 성냄, 그리고 다른 많은 해로운 '마음'들이 일어납니다. 해로운 마음은 다시 탐욕과 성냄에 바탕을 둔 '행동'으로 이어지고, 이런 그릇된 행동들이 마음속에 쌓여 업業을 형성합니다. 행위는 반드시 어떤 결과를 만들어 내는데 그것이 쌓여 업이 되고 이로 인해 윤회를 되풀이하게 되는 것입니다.

_ **윤회, 행위가 쌓여 결과가 만들어지다**

앞에서 무지가 어떻게 우리를 윤회라는 고통의 굴레에 얽매이게 만드는지 알아보았습니다.

우리가 옳다고 여기는 생각 중 대부분은 모든 존재와 현상들에 대한 오해와 과장된 생각들입니다. 진실을 제대로 보지 못하고 과장된 생각을 갖게 되는 것은 우리가 무지하기 때문입니다. 무지로 인해 모든 존재와 현상이 '연기緣起의 법칙(모든 현상은 무수한 원인(因)과 조건(緣)이 상호 관계하여 성립되므로, 독립·자존적인 것은 하나도 없고, 모든 조건·원인이 없으면 결과(果)도 없다)'을 따를 뿐 스스로 존재하지 않는다는 사실을 바로 보지 못하는 것입니다.

앞에서 말한 '시계를 보듯' 사물을 그 어떤 생각 없이 바라보는 중립적 인식에서 시작되어 점차 해로운 마음과 행동으로 이어지는 과정을 제대로 이해하면, 무지가 없어지고 해로운 마음이 생겨날 수 없다는 것을 알 수 있습니다.

나가르주나의 제자이며 인도의 학자이자 수행자인 아랴데바(提婆)는 다음과 같이 말합니다.

느낄 수 있는 힘이 온몸에 퍼져 있듯이
무지는 모든 해로운 마음속에 항상 존재한다.
그러므로 해로운 마음을 극복하려면
무지를 극복해야 한다.

명상해 보기
<2>

~~~~~~

❶ 내가 바라보는 어떤 대상의 매력이 그 대상에 본래 있는 것처럼 보입니까?

❷ 내가 바라보는 어떤 대상의 매력이 그것의 결함이나 단점을 가립니까?

❸ 어떤 대상으로 인한 즐거움을 부풀려 생각함으로써 탐욕에 이르게 됩니까?

❹ 어떤 대상으로 인한 불만족을 부풀려 생각함으로써 성냄에 이르게 됩니까?

❺ 아래 과정이 내 마음 안에서 어떻게 일어나는지 차근차근 살펴봅시다.
  • 어떤 대상을 인식한다.
  • 그 대상이 좋은지 혹은 싫은지 따진다.
  • 그 대상이 스스로 존재한다고 생각한다.
  • 그 대상의 좋은 점이나 싫은 점이 그 대상에 본래 있는 것이라고 생각한다.
  • 앞에서 내린 판단에 따라 탐욕이 생기거나 성냄이 일어난다.

~~~~~~

3

진실은 깊은 생각의
우물에서 길어올려진다

우리가 계획하는 것의 대부분은
마치 마른 골짜기에서
수영을 하려고 기다리는 것과 같다.
우리가 활동하는 것의 대부분은
마치 꿈속에서 집안 살림을 하는 것과 같다.
열에 들뜬 사람은 자신이 열이 나는 것을 알지 못한다.

-뺄툴 린포체,《성스러운 말씀》

모든 존재와 현상의 실제 모습을 꿰뚫어보는 통찰 지혜가
없으면 윤회의 굴레에서 벗어나는 데 방해가 되는 장애물을 알
아보고 제거할 수 없습니다. 그뿐만 아니라 다른 사람들을 돕는
데 방해가 되는 장애물도 제대로 알고 제거할 수가 없습니다.
통찰 지혜가 없으면 어떤 문제도 근본적으로 해결할 수 없으며,

근본 원인을 제거하지 못하면 같은 문제가 계속 되풀이되고 맙니다.

모든 존재와 현상이 고정된 실체로서 스스로 존재한다는 잘못된 생각을 없애려면 우선 자신의 마음을 잘 관찰해야 합니다. 내 마음을 관찰함으로써 무지가 어떻게 자리 잡고 있는지, 무지로 인해 어떻게 해로운 마음들이 일어나는지를 알 수 있습니다.

어떤 대상의 아름다움이나 추함을 부풀려 과장하면 탐욕이나 성냄, 자만, 질투, 분노 같은 해로운 마음들이 일어난다는 점에 비추어 볼 때, 모든 존재와 현상의 실제 모습을 과장하지 않고 있는 그대로 이해하고 바라보는 것은 무척 중요합니다.

이러한 이해는 내적인 방법으로만 이루어질 수 있습니다. 외적인 방법으로는 탐욕이나 성냄을 없앨 수 없습니다. 손에 가시가 박히면 바늘로 빼 버리면 되지만 내 마음속에 있는 생각을 없애려면 그 생각의 바탕이 되는 잘못된 인식을 분명히 보아야만 합니다. 모든 존재의 실제 모습 위에 자신이 덧씌워 놓은 잘못된 관념을 걷어 내야 하는 것입니다.

그렇게 하기 위해서는 우선 이성적으로 현상의 본질을 살펴보는 것이 중요합니다. 이것이 통찰 지혜에 이르는 길입니다.

다르마키르티는 다음과 같이 말합니다.

대상에 대한 잘못된 관념을 버리지 않으면
해로운 마음을 버릴 수 없다.

어떤 대상이 좋다거나 싫다고
잘못 생각함으로써 일어나는
탐욕이나 성냄 같은 해로운 마음은
외적인 방법을 통해서가 아니라
그 대상에 대해 좋다거나 싫다는 마음을 내지 않는
내적인 방법을 통해서 버릴 수 있다.

문제의 원인을 알면 우리는 그것을 해결할 수 있습니다. 모든 문제들이 무지에서 비롯된다는 것을 알게 되면 무지를 없애고자 노력하게 될 것입니다. 무지를 없애려면 먼저 모든 존재와 현상에 고정된 실체가 있다는 생각이 잘못된 것임을 이성적 추론을 통해 밝혀내야 합니다. 그리고 모든 존재와 현상에 고정된 실체, 즉 자성이 없다는 것에 집중하는 명상을 해야 합니다.

나가르주나와 아랴데바의 제자인 찬드라키르티(月稱)는 다음과 같이 말합니다.

'나'라는 것이 본질적으로 존재한다는 생각에서
모든 해로운 마음이 일어남을 보고
'나'도 인식의 대상일 뿐임을 알면
고정된 실체가 있다는 생각을 하지 않는다.

아랴데바는 무아(無我, 만물에는 고정 불변하는 실체로서의 나(實

我)가 없다는 것)를 깨닫는 것이 윤회에서 벗어나는 길이라고 말합니다.

대상에서 무아를 보면 윤회의 씨앗은 제거된다.

나무의 뿌리를 잘라 내면 가지와 잎은 말라 버립니다. 그와 마찬가지로 무지를 없애야 윤회에서 벗어날 수 있습니다.

인도 최고의 학자이자 수행자인 나가르주나, 아랴데바, 찬드라키르티, 다르마키르티 등은 모든 존재와 현상에 고정불변한 실체가 있는 것으로 인식하는 한 결코 진리를 깨달을 수 없음을 알았습니다. 그들은 그런 착각에서 벗어나기 위해서 경전을 읽고 이성적 추론을 통해 모든 존재와 현상을 분석했습니다.

_ 명상, 눈에 보이는 대로 믿지 않겠다는 마음가짐

자신이 사물과 현상에 대해 착각하고 있음을 충분히 인식하지 못하면 아무리 깊은 명상을 해도 근본적인 문제를 해결할 수 없습니다. 진리를 알게 되었다는 것은 명상을 통해 단지 자신을 괴롭히고 힘들게 하는 외부 대상들에 대해 더 이상 신경 쓰지 않게 되었다는 것과는 전혀 차원이 다른 이야기입니다. 중요한 것은 모든 대상이 고정불변하는 실체로서 존재하지 않는다는 사실을 깨닫는 것입니다.

문 바로 앞에 뱀이 있다고 잘못 생각해서 공포에 질려 있는 사람에게 저쪽 편에 나무가 있으니 그쪽으로 올라가 피하면 된다고 아무리 알려 줘봐야 별 도움이 되지 않습니다. 근본적인 해결책은 문 앞에 뱀이 없다는 사실을 확인시켜 주는 것입니다.

이와 마찬가지로, 잘못된 생각으로 인해 일어난 문제들을 극복하려면 고정된 실체로 스스로 존재하는 것이라고 착각했던 대상들이 실제로는 고정된 실체로 존재하지 않음을 알아야 합니다. 단순히 그 대상을 더 이상 생각하지 않거나 생각을 다른 데로 돌리는 것만으로는 문제를 근본적으로 해결할 수 없습니다.

문제는 눈에 보이는 겉모습을 실제라고 받아들이는 데에서 시작됩니다. 그러므로 먼저 이성적 추론을 통해 겉으로 보이는 모습의 허구성을 깨달아야 합니다. 모든 존재와 현상이 스스로 존재하는 것처럼 보이지만 사실은 그렇지 않다는 것을 이성적 추론을 통해 깨닫게 되면 잘못된 인식으로 인한 오해가 점차 줄어들고 그 때문에 생기는 여러 문제들도 줄어들게 될 것입니다.

_ 생각 없이 바라보는 것이 가장 위험하다

어떤 대상을 인식하는 방법에는 세 가지 형태가 있습니다. 첫째는 대상을 '스스로 존재하는 것'으로 인식하는 것입니다. 이는 무지가 작용했기 때문입니다. 둘째는 대상을 '스스로 존재하는 것이 아닌 것'으로 인식하는 것입니다. 이는 통찰 지혜로 바로 보았기 때문입니다. 셋째는 대상을 '스스로 존재하는 것으로도 스스로 존재하는 것이 아닌 것으로도 보지 않는 것'입니다. 이는 집이나 자동차 같은 대상을 그냥 생각 없이 중립적으로 보는 것입니다.

대상을 '스스로 존재하는 것'으로 보지 않는다고 해서 대상을 '스스로 존재하는 것이 아닌 것'으로 인식하는 것은 아닙니다. 세 번째 범주와 같이 무지의 작용에도 통찰 지혜의 작용에도 속하지 않는 인식들이 있기 때문입니다. 우리가 특히 조심해야 하는 이유가 바로 여기 있습니다.

무지가 없어지면 대상의 실제 모습 위에 좋음이나, 나쁨, 아름다움, 추함 같은 성질들을 덧씌우지 않게 됩니다. 그렇게 되면 탐욕, 성냄, 질투심, 호전성 같은 해로운 마음들이 일어나지 않습니다. 그런 해로운 마음들이 일어나지 않으면 그것들이 더 이상 행동을 부추기지 않습니다. 그렇게 되면 행동으로 인해 생겨난 성향들, 즉 업業으로 인해 윤회의 굴레에 갇혀서 무기력하게 다시 태어나는 일이 없게 됩니다. 그것이 바로 해탈을 얻는 것입니다.

깊은 명상을 통해 이 과정을 분명하게 인식하고 이해해야 합니다. 우리가 어떻게 해서 고통의 굴레에 빠져들게 되는지, 또 어떻게 하면 거기서 벗어날 수 있는지를 분명히 이해하면 모든 존재와 현상이 실제로 존재하는 방식을 알게 된 것에 감사하게 될 것입니다.

잘못된 인식을 없앨 수 있다는 사실을 이해하지 못하면 해탈이 별로 마음에 와 닿지 않겠지만, 잘못된 인식을 바로잡을 수 있다는 사실을 명확히 알게 되면 해탈에 이르고자 하는 의지가 강해집니다.

통찰 지혜가 중요한 이유가 바로 여기에 있습니다.

명상해 보기
<3>

~~~~~~

❶ 무지는 우리가 어떤 대상을 바라볼 때 아름답다거나 추하다는 특성을
    부풀립니다.

❷ 그 같은 특성들이 부풀려지면 탐욕이나 성냄, 질투, 호전성으로
    이어집니다.

❸ 그 같은 해로운 마음은 왜곡된 행동을 낳습니다.

❹ 그 같은 왜곡된 행동 때문에 윤회의 굴레에 갇혀 무기력하게 다시
    태어남을 반복합니다.

❺ 무지를 없애면 좋거나 싫은 성질들을 부풀리지 않게 되고, 그로 인해
    탐욕, 성냄, 질투, 호전성 등이 줄어들고, 왜곡된 행동을 하지 않게 되고,
    윤회의 굴레에서 벗어나 더 이상 태어나지 않게 됩니다.

❻ 통찰 지혜야말로 윤회의 굴레에서 벗어나는 길입니다.

~~~~~~

2장.
무지에서 벗어나기

모든 존재와 현상이 연기하여 일어난다는 것은 그들에게 고정된
실체가 없다는 뜻이라고 이해해야 하며, 나아가 원인과 결과가
분명히 존재한다는 것도 알 수 있어야 합니다.
공空이란 모든 현상의 존재를 부인하는 '완전한 비어 있음'을
뜻하는 것이 아니라 '고정된 실체가 없다'는 뜻입니다.

4

느껴 보기 : 스스로 생겨나지
않는 상호 연관성의 힘

15센티미터는 20센티미터에 비해서 짧다.
20센티미터는 25센티미터에 비해서 짧다.

-티베트 속담

모든 존재와 현상이 스스로 독립적으로 존재한다는 잘못된
인식이 온갖 해로운 마음을 일으킵니다. 이 같은 잘못된 인식에
서 벗어날 수 있는 방법은 모든 존재와 현상이 '연기하여' 일어난
다는 사실을 깊이 명상하는 것입니다.

나가르주나는《보행왕정론》에서 다음과 같이 말합니다.

긴 것이 있으면 짧은 것이 있게 마련이다.
본래 자신의 성질로 존재하는 것은 없다.

불교에서 조건 지어진 모든 존재와 현상은 스스로 생겨나는 것이 아니라 연기하여 일어난다고 말하는 이유는 바로 이런 상대성 때문입니다. 우리는 연기에 대해 깊이 명상함으로써 모든 존재와 현상이 스스로 존재한다는 잘못된 믿음을 버릴 수 있습니다.

나가르주나는 다음과 같이 말합니다.

고정된 실체가 있다는 생각이
모든 불건전한 생각의 근원이다.
이 같은 왜곡된 인식이 없으면
해로운 마음은 일어나지 않는다.
그러므로 공空을 완전히 알게 되면
모든 불건전한 생각과 해로운 마음이 완전히 사라진다.

무엇을 통해 공을 알게 되는가?
그것은 연기를 앎으로써 알게 된다.
진리를 잘 아는 분인 부처님께서 말씀하셨다.
연기로 인해 생겨나는 것은
스스로 생겨나는 것이 아니다.

나가르주나의 제자인 아랴데바도 연기를 아는 것이 무지를 극복하는 데 있어서 결정적으로 중요하다고 말합니다.

모든 해로운 마음을 극복하려면 무지를 극복해야 한다.
연기를 알면 무지는 생겨나지 않는다.

연기는 물질적이건 정신적이건, 혹은 그 밖의 다른 형태건 모든 무상無常한 현상들은 어떤 원인과 조건에 의존해서 일어난다는 것입니다. 원인과 조건에 따라 생겨나는 것은 스스로 존재한다고 할 수 없습니다.

명상해 보기
<4>

~~~~~~

❶ 마음속에 '집' 같은 무상한 사물을 하나 그려 봅니다.

❷ 집은 어떻게 지어졌을까요. 집이 완성되기까지의 원인들, 즉 나무, 흙, 목수 등에 의해 생겨난다는 것을 짚어 봅니다.

❸ 집이 마치 원래 스스로 존재하는 것처럼 보이는 것, 그리고 집이 수많은 원인에 의존해서 생겨난다는 것. 두 가지를 생각해 보고 어느 것이 바른 지혜인지 살펴봅니다.

~~~~~~

_ 현재는 연결되고 연결되어 일어난다

　좋은 상황이든 나쁜 상황이든 우리에게 일어나는 모든 상황
은 저절로 생겨난 것이 아니라 수많은 과거와 현재의 원인과 조
건이 만난 결과입니다. 이렇게 폭넓은 관점에서 보면 상황을 좀
더 전체적으로 볼 수 있고, 그 상황의 실체, 즉 그것의 상호 연관
성을 볼 수 있습니다. 이러한 상대적인 견해를 갖고 있을 때 비로
소 우리가 하는 행동들이 현실성을 갖게 됩니다.

　국제정치를 예로 들어봅시다. 만일 한 나라의 지도자가 상
대적이고 폭넓은 시각을 갖고 있지 않다면 문제가 생겼을 때 그
것이 어떤 한 사람에 의해서 일어난 것으로 보고 그 사람을 표적
으로 삼을 것입니다. 그러나 현실은 그렇게 간단하지 않습니다.
문제는 훨씬 더 복잡합니다. 폭넓은 시각이 없으면 의도가 아무
리 진실해도 상황을 처리하려는 모든 노력이 현실성을 잃고 맙
니다. 전체적인 상황에 대한 인식 부족과 원인과 조건의 그물망
에 대한 이해 부족으로 인해 바르게 대처하지 못하는 것입니다.

　의학 분야도 마찬가지입니다. 한 가지 전문 분야에만 집중
하는 것으로는 충분하지 않습니다. 온몸을 전체적으로 고려해야
환자를 제대로 진단할 수 있습니다. 티베트 의학은 환자를 진단
하는 방식이 매우 전체적이어서 서로 상호작용을 하는 신체 기
관들을 모두 고려하면서 환자를 치료합니다.

　경제 분야에서도 전체를 보지 못하고 자기 이익만 추구하면

부패에 빠져들 수 있습니다. 우리는 종종 경제행위는 도덕적 판단을 내릴 수 없는 것이라고 생각하면서 착취를 눈감아 주곤 합니다. 하지만 중국 속담에서처럼 '고양이가 검든 희든 쥐만 잡으면 된다'고 한다면 수많은 검은 고양이들, 즉 도덕적으로 부패한 사람들이 문제를 일으킬 것입니다. 돈만 있으면 된다는 태도는 바람직하지 못한 결과를 낳습니다. 이와는 반대로 외진 곳에 은둔해서 명상만 하면 된다는 생각을 할 수도 있을 것입니다. 그렇다면 먹을 것과 입을 것은 어떻게 얻을 수 있을까요? 이처럼 돈이 필요 없다는 태도도 문제이긴 마찬가지입니다.

한 가지 요소만 고려할 것이 아니라 수많은 요소들을 전체적으로 고려해야만 합니다. 상황을 전체적으로 보지 못하면 현실감각을 잃어버리기 때문입니다. 해로운 마음으로 인한 가장 큰 해악은 상황을 전체적으로 보지 못하게 된다는 점입니다. 상황에 대해 큰 그림을 보아야 합리적인 시각을 갖게 되고, 실제로 도움이 되는 행동을 하게 되며, 그로 인해 좋은 결과를 얻을 수 있습니다. 연기적 관점은 우리가 상황을 제대로 이해하는 데 큰 도움이 됩니다.

나가르주나는 다음과 같이 말합니다.

해로운 마음과 그것에서 비롯된 행동이 멈춰지면
그곳에 해탈이 있다.
해로운 마음은 그릇된 인식에서 생겨난다.

여기서 그릇된 인식이란 사실과 부합하지 않는 과장된 생각을 말합니다. 어떤 대상이 스스로 존재하는 것이라고 잘못 인식하면 그것의 장점을 실제보다 과장하게 되고 그로 인해 탐욕이 일어납니다. 분노나 성냄도 마찬가지입니다. 이번에는 단점이 지나치게 부각되어 대상을 전적으로 부정적인 것으로 보게 되고 그로 인해 마음이 크게 불편해집니다.

어떤 심리 치료사가 내게 해 준 이야기가 있습니다. 우리가 어떤 대상에 대해 화를 낼 때 그 대상의 문제점이라고 생각하는 것 가운데 90퍼센트는 사실 우리 자신이 지어내거나 과장한 것입니다. 심리 치료사의 이야기는 해로운 마음이 일어나는 과정에 대한 불교적 해석과도 상당히 비슷합니다.

어떤 대상에 대해 탐욕과 성냄이 일어나면 그 대상을 있는 그대로 보지 못합니다. 과장된 생각의 작용으로 인해 대상이 극도로 나쁘게, 혹은 극도로 좋게 보이고 그로 인해 왜곡되고 상황에 맞지 않는 행동을 하게 됩니다.

이때 모든 현상을 연기적으로 볼 수 있다면, 즉 모든 현상이 일어나고 존재하는 원인과 조건의 그물망에 주의를 기울여 상황의 큰 그림을 볼 수만 있다면 왜곡된 행동을 하지 않을 수 있습니다.

자애와 연민도 강렬한 감정을 불러일으키기는 합니다. 하지만 그러한 감정은 과장된 생각에서 비롯된 것이 아니라 우리 중생들이 겪는 고난을 이해하고 그들의 안녕을 진심으로 염려하는 마음에서 생기는 것입니다. 이러한 마음은 윤회라는 삶의 수레바퀴 속에서 중생들이 어떻게 고통받고 있는지를 아는 통찰 지혜로 생겨나며, 앞으로 다루게 될 무상과 공에 대한 통찰 지혜를 통해 더욱 강해집니다.

자애와 연민도 해로운 마음의 영향을 받을 수는 있습니다. 하지만 진정한 자애와 연민은 나와 다른 사람들과의 관계에 대한 정확한 인식에 바탕을 두고 있기 때문에 편견이나 과장이 끼어들 수가 없습니다.

_ 냄비가 냄비일 수 없는 이유

연기는 모든 존재와 현상이 여러 부분에 의존하여 존재한다는 것을 뜻합니다. 즉 모든 것은 부분으로 이루어집니다. 예를 들어 냄비는 크게는 몸체, 뚜껑, 손잡이 등으로 이루어져 있습니다. 더 들어가면 쇠나 철, 광물질로 이루어지고 그것들은 분자로 나눠 볼 수 있습니다. 이 모든 부분들에 의존하여 '냄비'라는 것이 만들어졌고, 이러한 부분들 없이는 냄비가 존재할 수 없습니다. 냄비는 겉으로 보이는 것처럼 구체적이고 독자적으로 존재하는 것이 아니라는 것입니다.

그렇다면 물체를 구성하는 기본 단위인 소립자는 어떨까요? 그것들은 더 이상 부분으로 이루어져 있지 않을까요? 그렇지 않습니다. 더 나눌 수 있습니다. 왜냐하면 소립자가 공간적 크기를 지니고 있지 않다면 다른 소립자들과 결합해서 더 큰 물체를 형성할 수 없기 때문입니다. 소립자 물리학자들은 적절한 과학적 도구만 만들 수 있으면 지금까지 발견된 가장 작은 소립자조차도 더 작은 부분으로 쪼갤 수 있다고 믿습니다. 물리적으로 더 이상 쪼갤 수 없는 실체를 발견한다고 해도 그것 역시 공간적 크기를 지닐 것이고 따라서 부분으로 이루어졌을 것입니다. 그렇지 않으면 같은 종류의 실체와 결합해서 더 큰 물질을 형성할 수 없기 때문입니다.

명상해 보기
<4-1>

---

❶ 마음속에 어떤 사물을 하나 그려 봅니다. 여기서는 책을 그려봅니다.

❷ 책이 그것의 부분들, 즉 책장과 표지에 의존하여 만들어지는 것을 생각해 봅니다.

❸ 책이 원래 책으로 존재하는 것으로 보이는 것과 책이 여러 부분들에 의존하여 존재하는 것을 생각해 봅니다. 두 가지 생각이 서로 엇갈리지 않는지 생각해 봅니다.

순간과 순간의 흐름이 의식이다

여기 파란 꽃병이 있습니다. 파란 꽃병을 보는 우리의 의식에는 앞에서 말한 소립자처럼 공간적 부분이 없습니다. 의식은 '물질'이 더해지고 연속해서 만들어지는 것이 아니라 여러 '순간'들의 연속으로 존재하기 때문입니다. 파란 꽃병을 바라보는 우리의 의식에서는 앞의 순간과 뒤의 순간들이 앞뒤로 계속 이어지면서 연속선을 이룹니다. 아무리 짧다고 해도 이런 순간들은 의식의 흐름의 한 부분들입니다.

그렇다면 의식이 흘러가는 연속선상에서 가장 짧은 순간을 생각해 봅시다. 아무리 짧은 순간이라고 해도 그것에 처음과 중간과 끝이 없다면 다른 짧은 순간과 결합해서 연속선을 이룰 수 없을 것입니다.

나가르주나는 다음과 같이 말합니다.

한 순간에 끝이 있듯이
그것에는 시작과 중간이 있다.
또한 그 시작과 중간과 끝도
다시 또 한 순간처럼 분석되어야 한다.

명상해 보기
<4-2>

❶ 파란 꽃병에 집중하고 있는 의식을 생각해 봅니다.

❷ 꽃병이 의식의 부분들, 즉 의식의 연속선을 이루는 몇 개의 순간들에 의존해서 생겨나는 것임을 관찰해 봅니다.

❸ 꽃병이 원래 스스로 존재하는 것으로 보이는 것과 꽃병이 의식의 부분들에 의존해서 존재하는 것을 생각해 봅니다. 두 가지 생각이 서로 엇갈리지 않는지 살펴봅니다.

— 부분과 부분으로 이뤄지는 공간

공간도 부분들로 구성됩니다. 동쪽에 있는 공간이나 서쪽에 있는 공간처럼 특정 방향과 관련된 공간이 있을 수도 있고 아니면 특정한 대상과 관련된 공간이 있을 수도 있습니다.

명상해 보기

---

❶ 어떤 공간을 떠올려 봅니다.

❷ 그 공간이 북쪽, 남쪽, 동쪽, 서쪽 등의 부분에 의존해서 형성된다는 것을
생각해 봅니다.

❸ 그 공간이 마치 스스로 존재하는 것으로 보이는 것과 공간이 여러
부분들에 의존해서 존재하는 것을 생각해 봅니다. 두 가지 생각이 서로
엇갈리지 않는지 살펴봅니다.

한 가지 더 생각해 보겠습니다.

❶ 컵의 공간에 대해 생각해 봅니다.

❷ 컵의 공간이 위쪽 절반과 아래쪽 절반 등이 만나 서로 의존하여
만들어지는 것에 대해 관찰합니다.

❸ 컵이 마치 스스로 존재하는 것으로 보이는 것과 컵이 여러 부분에
의존해서 존재하는 것을 생각해 봅니다. 두 가지 생각이 서로 엇갈리지
않는지 살펴봅니다.

5

생각하기 : 이성적으로
추론하는 연기

연기법에 따르지 않는 현상은 없기 때문에
고정된 실체가 있는 현상도 없다.

-나가르주나,《중론》

앞 장에서 설명했듯이 모든 존재와 현상은 부분들로 이루어
져 있습니다. 부분과 전체는 마치 각자의 실체를 갖고 있는 것처
럼 보이지만 서로에게 의존합니다. 만일 부분이나 전체가 각자
의 실체를 갖고 존재한다면 부분과는 별개인 전체를 집어낼 수
있어야 합니다. 그러나 그렇게 할 수가 없습니다.

부분과 전체가 겉으로 보이는 방식과 그것들이 실제로 존재
하는 방식은 분명 다릅니다. 그렇다고 해서 전체가 없다는 뜻은
아닙니다. 전체가 없다면 어떤 것이 다른 어떤 것의 한 부분을 이
룬다고 말할 수 없기 때문입니다. 결론적으로 말하면 전체는 있

지만 전체는 그 부분들에 의존하여 존재한다고 해야 합니다. 부분과 전체는 각각 독립적으로 존재하지 않습니다.

나가르주나는《중론》에서 다음과 같이 말합니다.

연기하여 일어나는 것은
그것이 의존하는 대상과 같지도 않고 다르지도 않다.
그러므로 그것은 없는 것도 아니고
스스로 존재하는 것도 아니다.

_ 내 머릿속에서 만들어지는 것들

의존하거나 스스로 존재하거나, 그 두 가지 외에 다른 길은 없습니다. 의존하지 않는다면 스스로 존재하는 것이고 스스로 존재하지 않는다면 의존하는 것입니다. 어떤 것이 어느 한쪽에 속하면 다른 쪽에는 속할 수 없기 때문입니다. 의존하는 것과 스스로 존재하는 것은 서로 배타적이기 때문에 어떤 것이 스스로 존재하지 못하거나 스스로의 힘으로 작용하지 못하면 그것은 의존적일 수밖에 없습니다.

예를 들어 탁자는 존재하기 위해 그것의 부분들에 의존합니다. 그러므로 우리는 그 부분들을 탁자를 구성하는 기초라고 부릅니다. 우리 마음속에서 탁자를 찾으려면 다리나 상판 등과 같은 기초 안에서 탁자를 찾아야 합니다. 그러나 그 부분들 중 어느 것도 탁자가 아닙니다. 다리를 탁자라고 할 수 있을까요? 나무를 탁자라고 할 수 있을까요? 그러나 탁자가 아닌 이것들이 생각에 의존하여 탁자가 되는 것입니다. 탁자는 스스로 존재하지 않습니다.

이러한 관점에서 볼 때 탁자는 의존적으로 생겨나거나 존재하는 것입니다. 탁자는 어떤 '원인'에 의존합니다. 탁자는 그것의 '부분'들에 의존합니다. 탁자는 '생각'에 의존합니다. 이것이 연기의 세 가지 방식입니다. 물론 이 중에서 좀 더 중요한 요소는 '나무로 된 네 다리가 붙어 있는 것'을 탁자라고 규정짓는 '생각'입니다.

생각에 의존하여 존재한다는 것은 연기에서 가장 이해하기 어려운 부분입니다. 물리학자들은 현상이 객관적으로 스스로 존재하는 것이 아니라 관찰자와의 관계 속에서 존재한다는 것을 발견한 바 있습니다.

예를 들면, 달라이 라마의 '나'는 내 몸이 있는 이 자리에 있어야 합니다. 다른 곳에서는 그것을 발견할 수 없습니다. 이는 분명합니다. 그러나 이 자리를 살펴본다고 해서 스스로 존재하는 '나'를 발견할 수는 없습니다. 그럼에도 불구하고 달라이 라마는 먹고 마시고 말하고 잠을 자는 남자이고 승려이며 티베트인입니다. 이는 '나'라는 것이 발견되지는 않지만 확실히 존재하고 있다는 충분한 증거입니다.

이것이 의미하는 바는 '나'라는 것을 발견할 수는 없지만 그렇다고 해서 '나'가 존재하지 않는 것은 아니라는 점입니다. 어떻게 그럴 수가 있을까요? '나'는 분명히 존재합니다. 존재하는데도 찾을 수는 없을 때, 우리는 그것이 생각에 의존하여 존재한다고 말할 수밖에 없습니다. 그밖에 다른 방식은 가정할 수 없습니다.

_ 공空은 '아무 것도 없음'이 아니다

사람과 사물이 존재한다는 점에는 의문의 여지가 없습니다. 문제는 '어떻게 혹은 어떤 방식으로 존재하는가'입니다. 예를 들어, 꽃을 보고 우리는 이렇게 생각합니다.

'이 꽃은 예쁜 모양과 고운 색깔과 좋은 촉감을 갖고 있다.'

이는 마치 그런 모양과 색깔과 촉감을 지니는 어떤 구체적인 것이 있다는 뜻인 것 같습니다. 그것이 그 '꽃'의 속성이고 그 '꽃'의 부분인 것처럼, 즉 그 꽃의 색깔, 그 꽃의 모양, 그 꽃의 줄기, 그 꽃의 잎인 것처럼 보입니다. 마치 그런 속성이나 부분을 가지는 '꽃'이 따로 존재하는 듯합니다.

그러나 만일 '꽃'이 보이는 그대로 진실로 존재한다면 우리는 꽃의 속성이나 부분과는 별개의 무언가를 내놓을 수 있어야 합니다. 그러나 그렇게 할 수가 없습니다. 아무리 꽃이 실제로 존재하는 것 같고 실제로 찾을 수 있을 것처럼 보이더라도 꽃이라는 실체는 분석을 통해서도, 다른 어떤 과학적 수단을 통해서도 발견할 수 없습니다. 꽃은 실제 모습을 갖추고 있기 때문에 분명히 존재하기는 하지만 '스스로' 독립적으로 존재하는 꽃을 찾고자 한다면 그런 것은 결코 찾을 수 없습니다.

만일 스스로 존재하는 것이 있다면 그것은 분석하면 할수록 점점 더 분명해져야 하고 분명히 발견되어야 합니다. 그런데 사실은 정반대입니다. 그렇다고 해서 그것이 존재하지 않는 것은 아닙니다. 그것은 분명 존재하고 실제 모습을 갖추고 있기 때문입니다.

분석을 통해서 발견되지 않는다는 것은 그것이 우리가 느끼고 생각하는 방식대로 존재하지 않는다는 것, 즉 그것이 고정된 실체로서 존재하지 않는다는 것을 나타낼 뿐입니다. 분석을 통해 발견할 수 없다는 것이 '아예 존재하지 않음'을 뜻한다면 어떤 중생도 보살도 부처도, 순수한 것도 순수하지 않은 것도 존재하지 않을 것입니다. 해탈할 필요도 없어지게 되고 공空에 대해 명상할 이유도 없게 됩니다.

사람이나 사물이 서로 돕기도 하고 해치기도 하며, 즐거움과 고통이 존재하고, 고통에서 벗어나 행복을 구할 수 있다는 것은 분명합니다. 우리가 다른 사람이나 사물로부터 분명히 영향을 받고 있는 상황에서 사람이나 사물이 아예 존재하지 않는다고 부인할 수는 없습니다.

나가르주나는 모든 존재와 현상은 연기하여 일어나기 때문에 고정된 실체가 없다고 말합니다. 이는 허무주의와는 다릅니다. 나가르주나는 '공하다'는 것이 '현상이 작용하지 않는다'는 뜻이라고 하지 않습니다. 그 대신 모든 현상은 원인과 조건에 의존하여 조건적으로 존재한다는 사실에 우리의 주의를 환기시킵니다. 그것이 '공'입니다.

명상해 보기
<5>

~~~~~~

❶ 의존해서 존재하는 것과 스스로 존재하는 것은 서로 배타적입니다.
존재하는 모든 것은 둘 중 어느 하나에 속합니다.

❷ 어떤 것이 의존해서 존재한다면 그것은 스스로 존재하지 못해야 합니다.

❸ '나'를 이루는 몸과 마음 어디에서도 '나'를 찾을 수 없습니다. 그러므로
'나'는 고정된 실체가 있는 것이 아닙니다. 다른 조건들, 즉 수많은 원인과
수많은 부분, 그리고 수많은 생각을 통해 '나'가 형성되는 것입니다.

~~~~~~

6

이해하기 : 현상의 연기적 속성을 바르게 알기

연기법을 깨달은 지혜로운 사람은
극단에 치우친 생각을 하지 않는다.

-붓다

모든 존재와 현상은 마치 스스로 존재하는 것처럼 보입니다. 그렇기 때문에 우리는 모든 존재와 현상이 실질적으로 존재한다고 착각하고, 그와 같은 착각 때문에 해로운 마음을 일으켜 자신을 파멸로 몰고 가는 씨앗을 뿌립니다. 이러한 문제는 모든 존재와 현상의 연기적 속성에 대해 끊임없이 사유함으로써 해결해야 합니다.

_ 이것이 있으면 저것이 일어난다

유익한 것과 해로운 것, 원인과 결과, 이것과 저것 등의 모든 현상은 서로 다른 요인들에 의존해서 일어나고 형성됩니다.

나가르주나는 《보행왕정론》에서 다음과 같이 말합니다.

이것이 있으면 저것이 일어난다.
긴 것이 있으면 짧은 것이 있는 이치와 같다.
이것이 생겨남으로써 저것이 생겨난다.
불꽃에서 빛이 생겨나는 이치와 마찬가지이다.

이 같은 연기적 맥락에서 서로 돕고 해치는 일이 일어나고, 무상한 현상이 작용을 하며, 업이 쌓이고 어떤 결과를 만들어냅니다. 이는 결코 상상에 불과한 것이 아닙니다. 너와 나, 우리라는 것은 단지 생각이 지어낸 것이 아닙니다. 이러한 연기적 맥락을 바르게 이해하면 '모든 현상이 스스로 존재하지 않음을 발견할 수 없기 때문에 현상은 아예 존재하지 않는 것'이라는 그릇된 결론을 내리는 허무주의를 극복할 수 있습니다.

나가르주나는 다음과 같이 말합니다.

사람들은 원인으로부터 결과가 생겨남을 보고
세상의 관습 속에서 드러나 보이는 것들을 받아들이며

허무주의를 받아들이지 않는다.

이러한 양극단, 즉 현상이 스스로 존재한다고 과장되게 생각하는 것(상주론常主論)이나 원인과 결과를 부정하는 것(단멸론斷滅論)은 모두 깊은 나락과도 같습니다. 그 같은 생각은 대상의 상태를 실제보다 과장하거나 아니면 인과 자체를 아예 부인하는 그릇된 관점을 갖게 합니다. 상주론의 나락에 떨어지면 실제 모습 이상의 자기 모습을 만들어 내려고 애쓰게 됩니다. 이는 불가능한 일입니다. 반대로 단멸론의 나락에 떨어지면 도덕성을 잃어버리고 자신의 미래에 해가 되는 좋지 않은 행동을 하게 됩니다.

연기와 공空의 균형을 맞추려면 '고정된 실체로 스스로 존재하는 것'과 '연기적으로 존재하는 것'의 차이를 구별할 수 있어야 합니다. 또한 '고정된 실체로 존재하지 않는 것'과 '아예 존재하지 않는 것'의 차이를 아는 것도 매우 중요합니다. 불교의 위대한 현자들이 공의 원리를 가르칠 때 '현상이 작용하지 않는다'는 주장을 하지 않은 이유가 바로 이것입니다. 그들은 현상은 연기에 따라 일어나기 때문에 고정불변한 실체가 없다고, 즉 자성이 없다고 말했습니다.

이렇게 공을 이해하면 양극단을 모두 피할 수 있습니다. 공을 깨달음으로써 현상이 고정된 실체로 존재한다고 생각하는 극단을 피할 수 있고, 현상이 연기에 따라 일어나는 것을 이해함으로써 현상의 작용을 부인하고 아무것도 존재하지 않는다고 생각하는 극단을 피할 수 있습니다.

찬드라키르티는 다음과 같이 말합니다.

연기에 대한 이성적 추론을 통해
모든 불선한 생각의 그물망을 찢어 버릴 수 있다.

연기를 제대로 이해하면 두 가지 잘못된 생각의 나락에 빠지지 않고, 그에 따르는 괴로움으로부터 벗어날 수 있습니다.

___ 물속의 물처럼 공空과 하나인 나

라싸의 승가 대학에 토론을 잘하지 못하는 신참 학자가 있었습니다. 그는 질문에 대해 적절한 대답을 하지 못하면서 대답을 알고는 있지만 그것을 표현하지 못할 뿐이라고 말해서 듣는 사람들의 비웃음을 샀습니다.

어쩌면 우리도 마찬가지일지 모릅니다. 공이 무엇인지 잘 알지도 못하면서, 그저 '깨달음은 생각할 수도 없고 표현할 수도 없다'는 말만 되풀이하며 짐짓 심오해 보이려고 애쓰는지 모릅니다. 하지만 이 구절은 명상을 통해서 체험되는 공의 깨달음을 말로 표현할 수 없다는 뜻이지 결코 공을 생각할 수도 없고 명상할 수도 없다는 뜻이 아닙니다.

우리가 '공'이나 '궁극의 진리' 같은 단어들을 말하거나 듣거나 생각할 때는 그것들이 우리의 의식과 별개인 주체와 객체로 보입니다. 한쪽에는 우리의 의식이 있고 다른 한쪽에는 공이 있는 것처럼 말입니다. 하지만 깊은 명상 상태에서는 주체와 객체가 하나가 됩니다. 마치 물속의 물처럼 공과 그것을 인식하는 의식이 서로 구별되지 않습니다.

─ 행위는 마음속에 흔적을 남기고 과보를 맺는다

분석이라는 수단을 통해서는 한 생에서 다음 생으로 옮겨가는 실체적 존재를 찾을 수 없지만 그렇다고 해서 윤회가 일어나지 않는 것은 아닙니다. 분석을 통해서는 스스로 존재하는 행위자나 행위, 대상을 찾을 수 없지만 그럼에도 불구하고 유익하거나 해로운 행위들은 마음속에 흔적을 남기고, 그 흔적은 이생이나 다음 생에서 과보를 맺습니다.

꿈속에서 본 사람과 깨어 있을 때 보는 실제 사람을 이성적 분석을 통해 살펴보면 양쪽 모두에서 스스로의 힘으로 존재하는 실체는 찾을 수 없습니다. 하지만 분석을 통해서 찾을 수 없다고 해서 실제 사람이 없다거나 아니면 꿈속의 사람이 실제 존재한다는 뜻은 아닙니다. 분석을 통해 찾을 수 없다는 것은 그들이 존재하지 않음을 의미하는 것이 아니라 그들이 고정된 실체로서 존재하지 않음을 의미합니다.

명상해 보기
<6>

❶ 고정불변한 실체는 과거에도 없었고, 지금도 없고, 앞으로도 없을 것입니다.

❷ 그러나 우리는 고정불변한 실체가 있다고 생각하고 그로 인해 괴로운 감정에 빠지게 됩니다.

❸ 현상이 고정된 실체로서 존재한다는 믿음은 극단적인 과장이며 엄청난 오류입니다.

❹ 현상은 무상하기 때문에 작용을 할 수 없다는 믿음은 극단적인 부정이며 또 다른 엄청난 오류입니다.

❺ '모든 현상은 연기법에 따라 일어나기 때문에 고정된 실체가 없다'는 깨달음을 통해 양극단을 피할 수 있습니다. 모든 현상이 연기법에 따라 일어난다는 것을 깨닫게 되면 현상을 부정하는 위험을 피할 수 있고, 모든 현상에 고정된 실체가 없다는 점을 깨닫게 되면 현상을 과장하는 위험을 피할 수 있습니다.

7

진리에 닿기 : 모든 존재와 현상은 연기하여 일어나므로 고정된 실체가 없다

현상의 공空함을 알면서도
행위와 그 과보를 믿는 것은
참으로 멋지고 훌륭하다.

-나가르주나,《보리심론》

대상이 어떻게 연기적으로 일어나는지, 즉 원인과 조건에 의존해서 일어나는지, 부분에 의존해서 일어나는지, 생각에 의존해서 일어나는지에 대해 깊이 사유하면 대상이 스스로 존재한다는 생각에서 벗어나는 데 큰 도움이 됩니다. 공하다고 하면서 무엇이 공하다는 것인지, 즉 부정하는 것이 무엇인지를 정확히 알지 못하면 결국 그 대상이 아예 존재하지 않는다고 잘못 생각하게 됩니다.

이런 식으로 어떤 대상이 아예 존재하지 않는다고 생각하면 그것은 마치 가공의 그림처럼 존재하지 않는 것과 다름없이 덧없게 보입니다. 이러한 착각은 '현상에 고정불변한 실체가 없다'는 것과 '현상이 아예 존재하지 않는다'는 것의 차이를 제대로 구별하지 못하는 데서 생깁니다. 이 둘 사이의 차이를 제대로 구분하려면 현상의 연기성을 이해해야 합니다. 공은 연기를 뜻하고 연기는 공을 뜻하는 것임을 제대로 이해해야 하는 것입니다.

_ 원인과 결과는 반드시 존재한다

모든 존재와 현상이 연기하여 일어난다는 것은 그들에게 고정된 실체가 없다는 뜻이라고 이해해야 하며, 나아가 원인과 결과가 분명히 존재한다는 것도 알 수 있어야 합니다.

공이란 모든 현상의 존재를 부인하는 '완전한 비어 있음'을 뜻하는 것이 아니라 '고정된 실체가 없다'는 뜻입니다. 현상에 고정된 실체가 없다는 것이지 현상 자체가 없다는 것이 아님을 잘 이해해야 합니다. 예를 들어, 탁자에 고정된 실체가 없다는 것이지 탁자 자체가 존재하지 않는 게 아닙니다. 오히려 공으로 인해, 즉 고정된 실체가 없기 때문에, 자성이 없기 때문에, 모든 존재와 현상이 존재하는 게 가능해집니다.

공은 이와 같이 대상은 존재하지만 우리가 생각했던 것과는 다른 방식으로 존재함을 의미합니다. 공의 의미를 이해하면 현상이 어떤 방식으로 존재하는지 정확히 알지 못하면서 막연히 현상은 존재한다고 말하지 않게 될 것입니다.

_ 젊음과 늙음, 발전과 소멸, 고정된 실체가 없다는 증거들

연기를 이해하면 공을 이해하는 데 도움이 되고, 공을 이해하면 연기를 이해하는 데 도움이 됩니다. 나로서는 '모든 존재와 현상에는 고정된 실체가 없기 때문에 연기하여 일어난다'는 식으로 이해하는 것보다 '모든 존재와 현상은 연기하여 일어나기 때문에 고정된 실체가 없다, 즉 공하다'고 이해하는 편이 더 쉬운 것 같습니다.

세상이 본래 고정불변한 실체들로 이루어진 것이라면 변화는 가능하지 않을 것입니다. 나무가 잎과 열매 같은 특성들을 본질적으로 지니고 있다면 환경이 나무에 아무런 영향도 미치지 못할 것이며 겨울이 되어도 잎과 열매라는 특성들이 사라지지 않을 것입니다. 나무의 아름다운 특성들이 나무 스스로의 힘으로 생겨난 것이라면 환경에 따라 그 특성들이 바뀌지는 않을 것입니다.

본질적으로 '참'인 것은 단지 있는 그대로일 수밖에 없지만 '거짓'인 것은 무엇으로든 될 수 있습니다. 거짓 안에서는 얼마든지 상반되는 사실들이 일어날 수 있습니다. 예를 들어, 젊은이가 나이가 들 수도 있고 무식했던 사람이 많은 것을 아는 학자가 될 수도 있습니다.

역설적인 것 같지만 모든 현상이 무상한 성질을 지니고 있기에 오히려 그렇게 많은 변화가 생겨날 수 있는 것입니다. 젊은 이가 노인으로 변하기도 하고, 선이 악으로 악이 선으로 바뀌기도 하고, 발전하기도 하고 쇠퇴하기도 합니다. 어떤 장소가 사람들로 가득 찼다가 다시 텅 비기도 하고, 평화롭게 지내던 나라들이 전쟁을 벌이기도 하고, 국가가 새로 생겨나기도 하고 망하기도 합니다. 선과 악, 성장과 쇠퇴, 윤회와 열반 등 변화는 수없이 많은 방식으로 일어납니다.

모든 존재와 현상이 이처럼 변한다는 사실은 그들이 자신의 모습 그대로 고정된 실체를 지니고 있지 않음을 의미합니다. 바로 그렇게 고정된 실체가 없는 상태에서 원인과 결과가 가능해지고 연기하여 일어나는 것이 가능해집니다. 어떤 현상이 스스로 존재한다면 다른 요인들에 의존할 수 없습니다. 다른 요인들에 의존하지 않으면 연기는 가능하지 않습니다. 원인과 결과가 있기 때문에 우리는 다른 사람들의 성공을 함께 기뻐해 주는 좋은 원인을 지음으로써 행복이라는 좋은 과보를 받을 수 있고, 다른 사람의 성공을 질투하는 나쁜 원인을 짓지 않음으로써 고통이라는 나쁜 과보를 피할 수 있습니다.

_ **공空과 연기는 따로 떨어져 있지 않다**

공이 연기를 이해하는 데 방해가 된다면 당분간 공의 개념은 접어 두어도 좋을 것입니다. 현상이 공하기 때문에 선도 악도 없다고 생각하면 공의 의미를 깨닫기는 더욱 어려워집니다. 공을 깨닫기 위해서는 원인과 결과를 이해해야 합니다.

_ 명상은 모든 것이 공空하다는 것을 보여 주는 방편

우리가 존경하는 사람들, 예를 들면 선생님이나 정신적 지도자를 명상의 대상으로 삼는 것이 원인과 결과를 이해하는 데 도움이 될 수 있습니다. 선생님과 함께했던 특별히 소중했던 순간을 생각해 보고 그 선생님으로부터 받은 영향을 생각해 보면 원인과 결과를 부인할 수 없기 때문입니다.

공을 이해하는 것은 참으로 중요합니다. 공을 완전히 이해하면 해로운 마음의 악순환에서 벗어날 수 있지만 공을 이해하지 못하면 소가 고삐에 매여 끌려가듯이 해로운 마음의 굴레에 얽매인 채 생을 거듭하며 윤회의 고통을 겪게 될 것이기 때문입니다.

공 자체에 집중하는 대신 때로는 연기적으로 존재하는 현상을 강조하고, 때로는 그것에 고정된 실체가 없음을 강조하는 것도 도움이 될 수 있습니다. 그렇게 번갈아 생각하면 연기와 공 모두를 이해하는 데 도움이 되어 공이 따로 떨어져 있는 것이 아니라 바로 현상의 본질임을 알게 됩니다.

《반야심경》에서는 이를 '색즉시공色卽是空 공즉시색空卽是

色'이라고 합니다. 색色에 고정된 실체가 본래 없는 것이 공입니다. 공은 머리에 쓰고 있는 모자처럼 여분의 것이 아니라 색 자체의 본질적 특성입니다. 티베트의 현자 총카파는《보적경》〈가섭장〉의 한 구절을 인용했습니다.

공이 현상을 공하게 만드는 것이 아니다.
현상 자체가 공하다.

일 년 전쯤 라다크에 갔을 때,《이만오천송 반야경》에서 비슷한 구절을 발견했습니다.

색은 공으로 인해 공해지는 것이 아니다.
색 자체가 공하다.

나는 이 심오한 구절에 대해 깊이 생각해 보게 되었습니다. 그때 내가 알게 된 것을 여러분과 함께 나누고자 하니 다소 복잡하더라도 잘 따라와주기 바랍니다.

우선 사물이 본질적으로 존재하는 것처럼 보인다는 점은 부인할 수가 없습니다. 불교 내의 대부분 종파에서도 탁자나 의자, 몸 같은 대상이 본질적으로 존재하지 않는다면 그들이 존재한다는 것을 가정할 수 없을 것이라고 하면서 사물의 이러한 모습을 받아들입니다. 예를 들어 탁자가 객관적으로 있는 것처럼 보인다는 점에서 탁자를 파악하는 시각적 인식은 타당하다고 말합니다. 이러한 견해에 따르면 인식이 타당하면서 동시에 오류일 수는 없습니다.

그러나 모든 현상이 어떻게 존재하고 어떻게 인식되는지에 대해 가장 심오한 설명을 한다는 귀류논증파, 즉 찬드라키르티를 중심으로 한 중도파에 따르면 탁자나 의자, 몸 같은 모든 현상들은 분명 본질적으로 존재하지 않습니다. 시각적 인식은 어떤 대상이 있음을 본다는 점에서는 타당하지만 그 대상을 본질적으로 존재하는 것으로 본다는 점에서 잘못입니다. 이런 면에서, 인식은 옳을 수도 있고 동시에 틀릴 수도 있습니다. 대상이 존재하고 있음을 본다는 점에서는 옳지만 그 대상이 자신만의 고유한 상태를 지니고 있는 것으로 본다는 점에서는 잘못인 것입니다.

찬드라키르티는 우리가 일상적으로 잘못 인식하는 습관으로 인해 대상이 스스로 존재하는 것처럼 보이는 것이라고 설명합니다. 스스로 존재하는 것은 아무것도 없습니다. 그렇기 때문에 색 자체가 공한 것이지, 공에 의해서 공해지는 것이 아닙니다. 공하다는 것은 무엇이 공하다는 것인가요? 색 자체입니다. 탁자 자체이고 몸 자체입니다. 마찬가지로 모든 현상에는 고정된 실체가 없습니다. 공은 마음이 만들어 낸 어떤 것이 아닙니다. 모든 존재와 현상은 처음부터 공했습니다. 색과 공은 하나이며 별개의 실체로 구분할 수 없습니다.

명상해 보기
<7>

❶ 사람이나 사물은 연기하여 일어나기 때문에 고정된 실체가 없습니다.
서로 의존하는 까닭에 스스로 존재하지 않습니다.

❷ 사람이나 사물에는 고정된 실체가 없기 때문에 연기적일 수밖에
없습니다. 현상이 스스로 존재한다면 그것을 있게 한 원인, 그것을 이루는
부분들, 혹은 생각 등 다른 것들에 의존하지 않을 것입니다. 현상은 고정된
실체가 없기 때문에 변할 수 있습니다.

❸ 이러한 두 가지 깨달음은 상호 보완적으로 작용합니다.

_ 더 깊이 공부하고 이해하기

연기에 대한 추론을 잘 이해하면 '나' 혹은 다른 존재들이 그들의 본질적 토대가 되는 것과 동일하지도 않고 다르지도 않다는 점을 이해하는 데 큰 도움이 됩니다. 또한 사랑과 자비로부터 우러나오는 보시, 지계, 인욕, 정진을 실천하는 데 있어서도 큰 힘이 되어줄 것입니다. 또한 이러한 덕목들은 통찰 지혜를 얻는 데 큰 도움이 됩니다. 이 모든 것들이 함께 이루어져야 합니다.

우리 모두는 지혜를 얻을 수 있는 마음을 갖고 있습니다. 노력하면 언젠가는 지혜를 얻을 수 있습니다. 그러므로 책을 읽고 좋은 말씀을 듣고 공부를 해야 합니다. 장기적 관점에서 사유해야 하고 수행을 해야 합니다. 우리는 사유할 수 있는 의식을 갖고 태어났으며, 공이란 것은 마음속에 떠올릴 수 있는 대상이기 때문에 노력하면 반드시 결실을 맺을 것입니다.

96

3장.
집중과 통찰 지혜의
힘을 이용하기

어둠 속에서 그림을 보려면 등불이 필요합니다. 등불이 있더라도
그 불이 밝지 않으면 그림을 분명하고 자세하게 볼 수 없습니다.
등불이 밝더라도 불빛이 흔들리면 이 또한 그림을 제대로 볼 수 없습니다.
현상의 본질을 제대로 알려면 어떤 바람에도 흔들리지 않는
밝은 등불처럼 명료한 마음과 흔들리지 않는 안정감,
즉 통찰 지혜와 날선 집중력이 필요합니다.

8

마음 집중

하늘에서 흩어지는 구름처럼
산란함이 녹아 버리게 하라.

-밀라레파

    우리는 모든 생각의 영역에서 분석을 해야 하며, 일단 분석을 통해 결론을 내렸으면 흔들리지 않고 그것에 전심전력을 기울여야 합니다. 분석하고 집중하는 두 가지 능력은 자신의 본래 모습을 보기 위해서 반드시 필요합니다. 더 나은 미래를 추구하거나, 인과에 대한 확신을 갖게 되거나, 윤회라는 고통의 굴레에서 벗어나겠다는 의지를 기르거나, 사랑과 자비심을 기르거나, 사람이나 사물의 본래 모습을 깨닫는 등의 모든 정신적인 발전을 이루려면 분석과 집중이 있어야 합니다. 분석과 집중을 통해 나의 견해를 변화시킴으로써 정신적 발전이 이루어지는 것입니다.

명상은 일반적으로 분석 명상과 집중 명상의 두 가지로 나뉩니다. 이들을 지혜 수행(위빠사나)과 선정 수행(사마타)이라고도 합니다. 마음은 흩어져 있으면 힘이 없습니다. 산만하면 해로운 마음이 일어나고 그로 인해 수많은 문제들이 뒤따릅니다. 명료하고 안정된 집중이 없으면 통찰 지혜가 현상의 본질을 제대로 알 수 없습니다.

예를 들어 어둠 속에서 그림을 보려면 등불이 필요합니다. 등불이 있더라도 그 불이 밝지 않으면 그림을 분명하고 자세하게 볼 수 없습니다. 등불이 밝더라도 불빛이 흔들리면 이 또한 그림을 제대로 볼 수 없습니다. 현상의 본질을 제대로 알려면 어떤 바람에도 흔들리지 않는 밝은 등불처럼 명료한 마음과 흔들리지 않는 안정감, 즉 통찰 지혜와 날선 집중력이 필요합니다. 부처님께서는 "선정으로 고요히 집중된 마음은 현상을 있는 그대로 볼 수 있다"고 말씀하셨습니다.

선정을 성취하려면 마음의 능력을 최대로 끌어 모아 단련시켜야 합니다. 그러나 일상적인 상태에서는 마음이 산란해지기 쉽습니다. 마치 물이 사방으로 흩어져 흐르듯이 마음의 힘도 사방으로 분산됩니다. 마음이 집중되어 있지 않으면 마음을 빼앗기는 새로운 대상이 나타나자마자 그것에 주의를 팔게 됩니다. 불안정하게 이 생각 저 생각 쫓아다니면서 원하는 것에 집중을 하지 못하고, 곧 또 다른 것에 정신이 팔리면서 결국 스스로를 혼란과 파멸로 이끌고 갑니다.

인도의 학자이자 수행자인 샨티데바(寂天)는 다음과 같이 말합니다.

마음이 산란한 사람은
해로운 마음의 격랑 속에서 살아간다.

_ 집중 : 마음의 능력을 최대로 끌어 모으다

우리는 보통 때는 산만하더라도 어떤 중요한 내용을 들을 때는 인식 능력을 최대한 끌어 모아 자기가 이해하고자 하는 대상에 집중하곤 합니다. 그렇게 집중을 함으로써 사랑이건, 자비이건, 이타적인 의도이건, 자신과 모든 현상의 본질에 대한 통찰이건, 그 모든 일에 큰 발전을 이룰 수 있는 것입니다.

불교에는 강력한 집중 상태에 이르기 위한 많은 수행법이 있습니다. 이처럼 강력한 집중 상태를 '삼매' 혹은 '선정'이라고 하는데, 삼매에 이르면 모든 산란함이 가라앉고 마음이 스스로 선택한 대상에 명료하고 흔들림 없이, 지속적으로, 또 기쁘고 유연하게 머물 수 있습니다. 이러한 정신 상태에서는 집중을 하기 위해 특별히 노력할 필요가 없습니다.

_ 게으름 극복 : 어떤 이유로도 미루지 마라

우리는 게으름 때문에 명상 수행을 다음에 하겠다고 미룹니다. 게으름에는 여러 형태가 있습니다. 바느질을 하거나 운전을 하는 등 일상의 이유를 대며 명상을 미루는 경우, 도덕적으로 좋지도 나쁘지도 않은 이러한 '중립적인 행동' 역시 궁극적으로는 게으름입니다. 이런 형태의 게으름이 특히 해로운 이유는 이런 생각이나 행동이 문제가 되는 줄 모르기 때문입니다.

좋아하는 대상을 생각하거나 싫어하는 대상을 생각하는 것 같은 유익하지 않은 행동으로 산만해지는 것도 게으름의 또 다른 유형입니다. 자신이 명상에 부적합하다고 생각해서 열등감을 느끼거나 의기소침해지는 것도 게으름입니다. '나 같은 사람이 명상을 제대로 할 수 있겠는가'라고 생각하는 것은 인간의 마음이 지닌 엄청난 잠재력과 점진적인 훈련의 힘을 제대로 알지 못하기 때문입니다. 이런 모든 형태의 게으름 때문에 우리는 명상을 등한시하게 됩니다.

그러면 어떻게 게으름을 극복할 수 있을까요? 몸과 마음의 유연함(경안輕安, 진리를 만나면 몸과 마음이 가벼워지고 편안해짐)을 통해 얻게 되는 이익을 생각하면 게으름을 떨쳐 버리고 명상을 하고자 하는 열의를 키울 수 있습니다. 일단 몸과 마음의 유연함으로 인해 큰 희열을 얻는 단계에 이르면 원하는 만큼 오랜 시간 동안 명상에 머물 수 있습니다. 그렇게 되면 마음은 완전히 능숙해지고, 선한 행동을 향해 마음을 기울일 수 있습니다. 그리하면 몸과 마음의 모든 장애는 사라지게 됩니다.

_ 계율 : 억제와 처벌이 아닌 보호막

초보자는 명상을 할 때 외적(주위 환경)인 영향을 많이 받습니다. 이는 정신적 역량이 아직 강하지 않기 때문입니다. 그러므로 명상을 하려면 우선 바쁜 활동을 줄이고 명상하기에 적합한 조용한 장소를 찾는 것이 좋습니다. 내면의 역량이 강화되면 점차 외적인 조건의 영향을 받지 않게 될 것입니다.

삼매를 계발하는 초기 단계에서는 탐욕이나 성냄을 불러일으키는 대상을 피해 수행하기에 좋은 장소를 찾는 게 좋습니다. 또한 활동을 줄이고 번잡함을 피하고 바쁜 일에서 떠나야 합니다. 먹는 것, 입는 것 등에 대한 욕구도 절제해야 합니다. 특히 중요한 것은 계율을 지키는 것인데, 이를 통해 마음의 여유와 평화, 그리고 양심을 갖게 되기 때문입니다. 이런 준비 과정은 거친 번뇌를 가라앉히는 데 도움이 됩니다.

나는 처음 승려가 되었을 때 외적인 활동을 줄이고 정신적 계발에 집중했습니다. 절제를 통해 내가 하는 행동을 알아차리려 했고, 서원에 어긋나는 행동을 절대로 하지 않기 위해 내 마음속에서 일어나고 있는 것들을 항상 알아차리려고 노력했습니다. 이는 본격적으로 명상을 하지 않을 때도 마음속에서 계속 알아차림을 하고 있었음을 의미합니다.

사람들은 계율을 일종의 억제나 처벌로 여기기도 하는데 이는 잘못된 생각입니다. 다이어트를 하는 것이 자신에게 벌을 주기 위해서가 아니라 건강을 지키기 위해서인 것처럼, 부처님께서 정하신 계율은 우리에게 파멸을 불러오는 해로운 행위를 억제하고 해로운 마음을 극복하게 하는 데에 목적이 있습니다. 나에게 고통을 가져올 의도나 행위를 자제하는 것은 다름 아닌 나 자신을 위한 것입니다.

나는 몇 년 전에 심한 위장병을 앓고 난 이후로 그동안 좋아했던 신 음식과 찬 음료를 피하고 있습니다. 그런 음식을 먹지 않는 것은 나를 벌주려는 게 아니라 보호하려는 것입니다. 이와 마찬가지로 부처님께서는 우리를 힘들게 하기 위해서가 아니라 우리의 행복을 위해 계율을 정하셨습니다. 계율은 우리가 정신적 향상에 도움이 되는 방향으로 마음을 쓰게 해 줍니다.

_ 자세 : 원활한 에너지 흐름을 돕는 7단계 명상 자세

명상을 할 때는 자세가 중요합니다. 몸을 곧게 하면 몸 안의 에너지 통로가 곧게 펴지고 에너지가 그 통로를 통해 원활히 흐르면서 균형을 이루기 때문입니다. 몸의 에너지 흐름이 균형을 이루면 마음의 균형이 잡혀 마음을 원하는 대로 쓸 수 있습니다. 명상은 누워서도 할 수 있지만 다음과 같은 가부좌 자세가 가장 좋습니다.

첫째, 가부좌를 하고 앉아서 엉덩이 밑에 방석을 하나 더 놓습니다.

둘째, 삼매는 외적인 대상이 아닌 내적인 대상에 마음을 집중함으로써 계발됩니다. 그러므로 두 눈을 뜨지도 감지도 않은 적당한 상태로 뜨고, 시선은 코끝을 향해 아래로 향하되 힘을 주지는 않습니다. 이것이 불편하다면 앞쪽의 바닥을 향해도 좋습니다. 눈은 살짝 뜬 상태로 둡니다. 눈으로 들어오는 자극이 의식을 방해하지는 않을 것입니다. 나중에 눈이 저절로 감기는 것은 괜찮습니다.

셋째, 활처럼, 혹은 동전을 쌓아 올린 것처럼 등을 곧게 폅니다. 뒤로 휘거나 앞으로 굽히지 않습니다.

넷째, 양어깨를 수평이 되게 하고 양손은 배꼽으로부터 손가락 네 개의 너비만큼 아래쪽에 둡니다. 왼손을 손바닥이 위로 향하도록 해서 밑에 두고 오른손을 역시 손바닥이 위로 향하도록 해서 그 위에 둡니다. 양손의 엄지손가락이 서로 맞닿아 삼각형을 이루게 합니다.

다섯째, 머리는 수평으로 곧게 하여 코와 배꼽이 일직선상에 있게 합니다. 목은 공작처럼 약간 굽힙니다.

여섯째, 혀끝은 앞니 근처 입천장에 닿게 합니다. 이는 오랫동안 명상을 할 때 침을 흘리지 않게 해 줍니다. 또한 숨을 너무

세게 쉬는 것도 막아 주어 입과 목이 마르지 않게 해 줍니다.

일곱째, 고요하고 부드럽게 그리고 균일하게 숨을 들이쉬고 내쉽니다.

_ 호흡 : 온전한 호흡으로 생각이 사라지다

우선 몸에서 해로운 에너지의 흐름을 없애는 것이 좋습니다. 쓰레기를 치우는 마음으로 들숨과 날숨을 아홉 번씩 반복하면 명상을 시작하기 전에 갖고 있었을 수도 있는 탐욕이나 성냄을 없애는 데 도움이 됩니다.

먼저 왼쪽 콧구멍을 왼손 엄지손가락으로 막고 오른쪽 콧구멍으로 숨을 깊이 들이마십니다. 왼쪽 콧구멍을 열고 왼손 중지로 오른쪽 콧구멍을 막은 다음 왼쪽 콧구멍으로 숨을 내쉽니다. 이것을 세 번 반복합니다.

그러고 나서 오른쪽 콧구멍을 왼손 중지로 막은 채 왼쪽 콧구멍으로 숨을 깊이 들이마십니다. 오른쪽 콧구멍을 열고 왼쪽 콧구멍을 왼손 엄지손가락으로 막은 다음 오른쪽 콧구멍으로 숨을 내쉽니다. 이를 세 번 반복합니다.

마지막으로 앞서 설명한 것처럼 왼손을 무릎 위에 놓고 양쪽 콧구멍으로 깊이 숨을 들이마시고 양쪽 콧구멍으로 숨을 내쉽니다. 이를 세 번 반복함으로써 총 아홉 번의 숨을 쉽니다.

숨을 들이쉬고 내쉴 때는 의식을 들숨과 날숨에 집중하고 들숨과 날숨을 생각하거나 아니면 숨을 들이쉬고 내쉬는 것을 1에서 10까지 그리고 다시 10에서 1까지 셉니다. 호흡에 집중을 하면 마음이 가볍고 넓어지면서 일시적으로 탐욕이나 성냄의 대상으로부터 벗어날 수 있습니다.

이때 다른 사람들에게 도움이 되겠다는 의도를 마음에 생생하게 새깁니다. 이전에 탐욕이나 성냄의 영향력 하에 있었을 때는 이타적인 태도를 지니는 것이 어려웠을 것입니다. 그러나 이제는 쉽습니다. 호흡 수행은 더러운 천을 염색하기 위해 미리 깨끗하게 세탁하는 것과 같습니다. 깨끗이 세탁을 한 천은 염료를 쉽게 빨아들일 것입니다.

호흡은 언제나 나와 함께 있고 새삼스럽게 찾을 필요가 없는 것이므로 호흡에만 온 마음을 집중하면 이전에 갖고 있던 생각들이 사라지고 다음 단계에서 마음을 모으는 것이 쉬워집니다.

_ 집중을 돕는 대상 : 자신의 기질에 맞는 대상 찾기

이제는 삼매를 얻기 위한 수행을 하면서 어떤 대상에 집중해야 하는지 생각해 봅시다. 이전의 해로운 마음이 아직도 마음속 깊이 남아 있기 때문에 마음을 집중하기가 여전히 어렵습니다.

공空의 이미지를 마음을 집중하기 위한 대상으로 삼을 수도 있지만 처음부터 그렇게 심오한 주제에 집중하는 것은 쉽지 않습니다. 탐욕이든 성냄이든, 혼돈이든, 자만이든, 혹은 지나치게 많은 생각이든, 그중에서 자신에게 가장 해가 되는 마음을 약화시켜 줄 집중의 대상이 필요합니다. 자신의 기질에 맞는 집중의 대상을 '행동을 정화시키기 위한 대상'이라고 부릅니다.

탐욕이 강한 사람은 조금만 마음에 드는 사람이나 물건을 보면 즉각적으로 탐심을 일으킵니다. 이런 경우에는 우리 몸의 여러 부분을 대상으로 명상을 하면 좋습니다. 이를 부정관 수행이라고 하며, 우리 몸을 머리끝부터 발끝까지 살갗, 살, 피, 뼈, 골수, 오줌, 똥 등 32가지 부분으로 나누어서 보는 것입니다.

우리 몸은 겉으로 보면 아름다운 것 같지만 각 부분을 세밀하게 관찰해 보면 결코 아름답다고만 할 수는 없습니다. 예를 들어 눈알만 따로 있다고 생각해 보면 무섭다는 생각이 들 것입니다. 머리카락이 떨어져 있다고 생각해 보면 더럽다는 생각이 들 것입니다. 그렇게 머리카락부터 손톱과 발톱에 이르기까지 우리 몸의 각 부분에 대해 명상을 해 보십시오.

우리의 몸은 혈색도 좋고 탄력이 있고 촉감도 부드러워 아름답게 보입니다. 그러나 몸의 각 부분들을 주의 깊게 관찰하고 또 그것이 얼마나 쉽게 부패되는지를 자세히 살펴보면 그 본래 성질이 보기와는 다르다는 것을 알게 됩니다.

예전에 태국의 어떤 사원에서 하루하루 변해 가는 시신의 모습을 단계적으로 찍은 사진들을 전시해 놓은 것을 본 적이 있습니다. 시신이 부패되는 단계를 보여 주는 사진들은 우리 몸에 대해 명상하는 데 큰 도움이 되었습니다.

해로운 마음으로 인한 나쁜 업이 쌓여 쉽사리 남을 미워하거나 좌절하는 사람은 흥분도 잘하고 화도 잘 냅니다. 그런 사람은 자애 명상을 하면 좋습니다. 이는 행복하지 않은 사람들이 행복해지기를, 또 행복해질 원인을 갖기를 기원함으로써 자애를 키우는 것입니다.

해태(懈怠, 노력하지 않으려는 마음작용)와 혼침(惛沉, 어둡고 답답한 기운을 일으키는 마음작용)이 강한 사람은 모든 현상이 원인 없이 발생한다거나 스스로의 힘으로 작용한다고 믿습니다. 이런 사람은 연기에 대해, 즉 모든 현상은 원인과 조건에 의존한다는 점에 대해 명상을 하면 좋습니다. 또한 십이연기(十二緣起, 괴로움이 일어나는 열두 과정), 즉 무명(無明, 밝음이 없는 것. 곧 불교의 진리를 모름)에서 시작하여 늙음과 죽음으로 끝이 나는 윤회의 과정에 대해서 명상을 할 수도 있습니다. 이렇게 어떤 것을 대상으로 명상을 하든 잘못된 생각이나 무지로 인한 혼란을 줄이고 지혜를 키울 수 있을 것입니다.

자만이 강한 사람은 자신의 몸과 마음의 결합체 안에 있는 현상의 범주에 대해 명상하면 좋습니다. 이러한 요소들에 주목하면 내가 그것들과 별개인 그 무엇이라는 생각이 줄어듭니다. 또한 그것들을 자세히 살펴보면 자신이 모르는 것이 얼마나 많은지를 깨닫게 되고 자기 자신에 대한 과장된 평가가 줄어듭니다.

오늘날 물리학자들을 비롯한 과학자들은 업, 다운, 참, 스트

레인지, 톱, 보텀으로 분류되는 여섯 가지 타입의 쿼크와 전자기력, 중력, 강한 핵력, 약한 핵력으로 분류되는 네 가지의 힘 같은 그들만의 과학적 현상의 범주를 갖고 있습니다. 자신이 모든 것을 알고 있다고 자부하는 사람이 이런 것에 대해 생각해 보면 자부심이 갑자기 사라져 버릴 것입니다. 그리하여 마침내 "나는 아무것도 아는 게 없구나"라고 생각하게 됩니다.

생각이 많아 끊임없이 이 생각 저 생각을 하는 사람은 앞에서 설명한 들숨과 날숨에 대해 명상하면 좋습니다. 마음을 호흡에 고정시켜 놓으면 여기저기로 끝없이 떠돌던 생각의 흐름이 즉시 줄어듭니다. 특기할 만한 기질이 없는 경우에는 여러 대상 중 어떤 대상을 선택해도 됩니다.

_ 특별한 집중 대상 : 부처님 또는 종교적 인물

기질에 상관없이 모든 사람들에게 도움이 되는 명상의 대상은 부처님이나 존경하는 종교적 인물의 이미지를 떠올리는 것입니다. 그런 대상에 집중하면 마음속에 선한 기운이 가득 채워지기 때문입니다. 부처님 또는 종교적 인물을 반복해서 떠올리면 어느 순간 분명하게 그려지게 되고 자연스럽게 그 이미지가 계속 마음속에 남아 있게 됩니다. 마치 모든 일과를 부처님과 함께 하는 것처럼 느껴지는 것입니다.

힘든 일을 겪을 때나 병에 걸려 아플 때에도 부처님께서 함께하시는 모습을 마음속에 그려 볼 수 있게 됩니다. 나중에는 죽음에 임박해서도 부처님이 마음속에 나타날 것입니다. 이와 같은 경건함 속에서 생을 마치게 된다면 얼마나 유익한 삶일까요?

명상을 할 때는 그림이나 불상이 아닌 실제 부처님을 상상하십시오. 먼저 설명을 자세히 듣거나 그림이나 불상을 보고 부처님의 모습에 익숙해져서 부처님의 이미지가 마음속에 잘 떠오르게 해야 됩니다. 초보자의 경우에는 쉽게 주의가 흩어집니다. 하지만 부처님의 이미지를 계속 응시하다 보면 산란함이 줄어들고 점차 부처님의 이미지가 마음속에 떠오르게 될 것입니다.

내 앞 1.5~1.8미터 떨어진 지점의 눈썹 높이쯤에 부처님이 있다고 상상하십시오. 이미지는 2.5~10센티미터 정도의 크기가 좋습니다. 대상이 작을수록 집중이 잘됩니다. 대상은 분명하고 명료해야 하며 빛이 나고 윤곽이 뚜렷해야 합니다. 대상이 명료하면 인식하는 상태가 너무 느슨해지는 것을 막아 주고, 대상의 윤곽이 뚜렷하면 다른 대상으로 주의가 흩어지는 것을 막아 줍니다.

대상의 성격과 크기는 명상을 하는 동안 고정되어야 합니다. 시간이 지남에 따라 이미지의 크기나 색깔, 모양, 위치, 심지어 개수가 바뀔 수 있지만 스스로 그것을 바꾸면 안 됩니다. 원래의 대상에 계속 마음을 두도록 해야 합니다.

그러나 대상을 밝고 분명한 모습으로 유지하기 위해 너무

애를 쓰면 오히려 명상에 방해가 됩니다. 계속해서 밝기를 스스로 조절하면 안정감이 생겨나기 힘들기 때문입니다. 이럴 때 중도가 필요합니다. 대상이 희미하게라도 나타나면 일단 그것에 집중하십시오. 나중에 대상이 안정되면 그때는 원래의 이미지를 놓치지 않고도 밝기와 선명함을 조절할 수 있습니다.

명상해 보기
<8>

❶ 부처님, 혹은 존경하는 종교적 인물이나 상징의 이미지를 주의 깊게 보면서 그 형태와 색깔과 세부 사항에 주목합니다.

❷ 그 이미지가 2.5~10센티미터 크기로 내 앞 1.5~1.8미터 떨어진 지점 내 눈썹 높이에서 밝게 빛나는 모습을 상상하면서 의식에 나타나게 하십시오. 이미지는 크기가 작을수록 좋습니다.

❸ 그 이미지가 장엄한 모습과 말과 마음을 지닌 실제 존재라고 상상하십시오.

9

마음 조율

쉬로나라는 이름의 승려가 명상을 하려고 애를 쓰고 있었다. 그러나 그의 마음은 너무 긴장되어 있거나 아니면 너무 느슨했다. 그는 부처님께 도움을 청했다.

부처님께서 물으셨다.

"출가하기 전에 기타 연주를 해 본 적이 있느냐?"

"예, 물론입니다."

"기타 줄을 많이 조였을 때 소리가 좋았느냐, 줄을 느슨하게 했을 때 소리가 좋았느냐?"

"어느 쪽도 아니었습니다. 적당히 조였을 때 소리가 좋았습니다."

"그것과 마찬가지이다. 명상을 하려면 마음을 조이고 느슨하게 함에 있어서 중도를 지켜야 한다."

-빼툴 린포체,《성스러운 말씀》

우리는 밝고 깨어 있으며 명료한 마음을 기르고자 합니다. 또한 대상을 향해 일심으로 집중할 수 있는 안정성도 원합니다. 지극한 명료함과 흔들리지 않는 안정성, 이 두 가지가 우리가 필요로 하는 마음의 자질입니다.

이러한 마음을 갖추는 데에 방해가 되는 것은 무엇일까요? 혼침, 즉 마음이 너무 느슨한 것은 명료함을 가로막고 들뜸, 즉 마음이 너무 긴장된 것은 대상에 계속해서 안정적으로 집중하는 것을 방해합니다.

_ 혼침 : 마음이 움츠러들 때

혼침에는 거친 혼침과 미세한 혼침 그리고 매우 미세한 혼침이 있습니다. 거친 혼침이 있는 경우에는 명상 대상이 전혀 분명하지 않습니다. 마음은 가라앉아 있거나 무겁게 눌려 있습니다. 미세한 혼침의 경우에는 마음이 대상에 머물기는 하지만 지극한 명료함이 부족합니다. 매우 미세한 혼침의 경우에는 지극한 명료함이 약간 부족하며 마음은 아주 살짝 느슨해져 있습니다.

혼침은 명상을 하는 과정에서 마음이 안으로 움츠러들 때 생기는 것으로 무기력함과는 다릅니다. 무기력함은 몸과 마음이 둔해서 제대로 작용하지 않는 것으로 외부의 대상에 주의를 기울일 때도 일어날 수 있습니다. 무기력한 상태에 있을 때는 몸과 마음이 어둠 속에 갇혀 무겁습니다.

_ 들뜸 : 마음이 어지럽고 뒤숭숭할 때

들뜸은 대개의 경우 외적인 탐욕의 대상에 끌려 마음이 동요된 상태입니다. 끌리는 대상이 자선을 베푸는 일처럼 선한 것이든, 탐욕과 같이 선하지 않은 것이든, 혹은 바느질을 하는 것처럼 중립적인 것이든, 모든 마음의 산란함이 들뜸에 해당됩니다. 들뜸에는 거친 들뜸과 미세한 들뜸이 있습니다.

거친 들뜸의 상태에서는 명상의 대상을 잊어버리고 다른 생각에 빠져들게 됩니다. 미세한 들뜸의 상태에서는 명상 대상을 놓치지는 않지만 마치 얼어붙은 강물의 밑바닥에서 세차게 흘러가는 물살처럼 마음 한구석에서 생각이 움직이고 있습니다.

명상을 하다 잠시 쉬는 동안에도 감각기관을 통제하고, 적당한 양의 음식을 먹고, 자신의 몸과 마음에 대한 성찰을 계속 유지하고 있어야 합니다. 그렇지 않으면 혼침이나 들뜸에 빠지게 될 수 있습니다. 대개 잠을 너무 많이 자면 혼침에 빠지게 되고, 삶의 즐거움에 대해 지나친 기대를 하면 들뜸에 빠지는 경향이 있습니다.

_ 명상하기 좋은 시간과 공간

혼침이나 들뜸으로 인해 집중하는 데 방해를 받고 또 그러한 방해를 물리치기가 어려워질 때는 한 번에 긴 시간 동안 명상을 하기보다 짧게 자주 명상을 하는 게 좋습니다. 점차 집중하기가 편해지면 그때 다시 명상 시간을 늘리도록 합니다.

혼침이 문제가 되는 경우에는 아래가 내려다보이는 높은 장소에서 명상을 하거나 새벽에 명상을 하는 것이 도움이 됩니다. 잠에서 막 깨어났을 때는 생각의 힘은 작용하지만 감각기관이 아직 활성화되어 있지 않아 산만함이 적기 때문입니다. 내 경험에 비추어 보면 새벽에 가장 마음이 맑고 선명합니다.

_ 마음이라는 코끼리, 알아차림으로 묶기

'정념正念'은 마음을 명상 대상에 계속 머물러 있게 고정시키는 역할을 합니다. 이는 명상 대상에 집중하는 것으로 대상을 놓치는 것에 대한 해결책이라고 볼 수도 있습니다. 초보자들은 정념의 힘이 약하기 때문에 마음을 되풀이해서 대상에 집중시킴으로써 정념의 힘을 길러야 합니다.

명상을 할 때는 마음이 대상에 집중하고 있는지 수시로 확인해야 합니다. 그렇게 하다 보면 마음이 다른 것으로 옮겨 갔을 때 즉시 알아차릴 수 있습니다. 마음이 명상의 대상에서 벗어나려고 하는 순간 그것을 알아차려서 다시 마음을 대상에 집중시킬 수 있게 됩니다. 이러한 힘이 바로 정념입니다.

'정지正知'는 혼침이나 들뜸으로 인해 집중이 흐트러진 것은 아닌지, 명료함과 안정성을 계발하지 못하는 것은 아닌지를 파악하는 것입니다. 명상 대상이 명료하고 안정되었는지를 살필 때는 마음의 온 힘을 다해서 살피지 말고 마치 조금 떨어진 곁에서 편안하게 살피듯이 해야 합니다. 그렇게 해야 마음이 대상에 집중하는 것을 방해하지 않습니다.

물론 강력한 정념의 상태에 이르려면 마음이 명상 대상에 집중하고 있는지를 계속해서 지켜보아야 합니다. 하지만 지금 단계에서 정지의 역할은 마음이 명상 대상에 머물고 있는지 아닌지를 살피기보다는 마음이 혼침이나 들뜸의 영향을 받고 있지는 않은지 살피는 것입니다.

인도의 수행자이자 학자인 바바비베카(清辯)는 말합니다.

미친 듯이 헤매고 있는 마음이라는 코끼리는
명상의 대상이라는 기둥에
알아차림의 밧줄로 단단히 묶어서
지혜의 고삐로 서서히 길들여야 한다.

자신의 명상 상태가 너무 들떠 있는지 혹은 너무 나태한지를 잘 살펴서 이를 조절하기 위한 최선의 수행 방법을 결정해야 합니다. 이에 대해서는 다음 장에서 설명할 것입니다.

정지의 힘이 향상되면 마치 기타 줄을 잘 맞춰서 음이 높지도 낮지도 않은 균형점을 찾는 것처럼 적절한 수준의 긴장 상태를 찾는 감각을 얻게 됩니다. 그렇게 축적된 경험을 통해서 혼침과 들뜸이 일어나기 직전에 이를 감지할 수 있고, 마음이 대상에 집중하는 방식을 바짝 조이거나 느슨하게 풀어서 혼침이나 들뜸이 일어나는 것을 막을 수 있습니다.

명상해 보기
<9>

❶ 명상의 대상에 마음을 둡니다.

❷ 정지를 통해 마음이 명상 대상에 머무르고 있는지 때때로 확인합니다.

❸ 마음이 다른 데로 가 있으면 필요한 만큼 자주 대상을 떠올리고 마음을 그 대상에 다시 집중시킵니다.

이와 같이 해서 정념과 정지의 힘을 계발할 수 있습니다.

_ 문제를 알고 치료하기

정지를 통해서 마음이 혼침이나 들뜸의 영향을 받고 있거나 아니면 그럴 것 같다는 것을 알았을 때는 즉시 치료법을 적용해야 합니다. 적절하게 대응하지 않고 문제를 알아채기만 해서는 안 됩니다. 치료법을 적용하지 않는 것 자체가 문제입니다. 그런 문제들은 중요하지 않다거나 아니면 해결할 수 없는 것이라고 생각하는 실수를 저지르지 마십시오.

_ 혼침을 치료하는 방법

명상을 하다가 혼침이 생기면 마음이 너무 느슨해져서 집중도가 떨어지고 긴장감이 약해집니다. 몸과 마음이 가라앉으면 마치 어둠 속으로 떨어진 것처럼 명상 대상을 잃어버릴 수 있고 심지어 잠이 들 수도 있습니다. 그러므로 혼침이 생기기 시작하면 마음을 좀 더 긴장되게 만들 필요가 있습니다.

마음을 좀 더 긴장되게 만들려면 명상 대상을 더 밝게 하거나, 더 높게 하거나, 아니면 대상의 세부 사항에 주의를 더 기울이면 됩니다. 가령 명상 대상이 부처님이라면 부처님의 눈썹이 휘어진 모양에 주목해 보십시오.

그래도 효과가 없는 경우에는 명상 대상에서 잠시 벗어나는 게 좋습니다. 그리고 나를 기쁘게 해 주는 주제에 대해 생각합니다. 사랑이나 자비심 같은 훌륭한 덕목이나 인간으로 태어나 수행을 할 수 있는 멋진 기회를 얻은 것 등을 생각하면 좋을 것입니다.

이런 방법이 효과가 없고 여전히 거친 혼침에서 빠져나오지 못할 때는 명상을 중단하고 높은 곳이나 시야가 넓게 트인 곳으로 갑니다. 이런 방법들이 움츠러든 마음을 고양시켜 다시 명료하게 해 줄 것입니다.

─ 들뜸을 교정하는 방법

마음이 흥분되어 긴장이 잘 풀리지 않을 때는 마음을 가라앉히기 위한 방법이 필요합니다. 이때는 명상 대상의 높이를 낮추고 그것이 무겁다고 상상하는 것이 도움이 됩니다.

이 방법이 효과가 없으면 명상을 계속하되 명상 대상에서 잠시 마음을 돌려 좀 더 심각한 주제에 대해 생각합니다. 무지로 인해 윤회의 고통 속에 빠지게 된 것이나 죽음이 임박한 것 등에 대해 생각해 볼 수 있을 것입니다.

마음이 옮겨 간 대상의 해로움에 대해 생각해 보거나 마음이 흩어진 것 자체의 해로움에 대해 생각해 보는 것도 도움이 됩니다. 그런 생각을 하면 지나치게 들뜬 마음이 다소 가라앉아 대상에 더 잘 집중할 수 있게 됩니다. 그러면 원래 집중하고 있던 명상 대상으로 즉시 되돌아갑니다. 나의 경우에는 해야 할 일들 때문에 명상 시간에 제약을 받으면 그런 긴급함 때문에 더 노력을 하게 되고 그로 인해 집중이 강해지곤 합니다.

_ 치료법을 멈출 때를 알아차림

성공적으로 치료를 하고 나면 다시 명상 대상에 온전히 집중해야 합니다. 혼침이나 들뜸이 사라진 후에도 치료법을 계속 적용하면 오히려 안정 상태가 흐트러질 수 있습니다. 이 시점에서는 치료를 멈추고 명상 대상에 집중하면서 혼침이나 들뜸이 다시 일어나려고 하는지를 때때로 확인합니다.

나중에 명상에 익숙해져서 더 이상 마음이 느슨해지거나 긴장될 위험이 없어지고 나면 그때는 치료법을 써야 할지 말지 고민하는 것조차도 일념으로 집중하는 데 방해가 될 것입니다. 하지만 그런 고민을 너무 일찍 그만두어서는 안 됩니다. 언제쯤부터 고민을 하지 않아도 좋은지에 대해서는 다음 장에서 설명하고자 합니다.

_ 고요한 마음, 삼매에 이르는 아홉 단계

불교의 가르침은 삼매에 이르는 과정을 아홉 단계로 설명합니다. 이것은 내가 지금 어디에 있는지, 그리고 내가 계속 발전하려면 무엇을 해야 하는지를 알려 주는 '명상 지도'입니다.

1단계 : 마음을 안으로 향하게 하여 집중 대상에 고정시킴

1단계에서는 마음을 안으로 향하게 해서 집중 대상에 머물도록 합니다. 하지만 마음을 오랫동안 대상에 머물게 하는 것도 힘들고 꼬리에 꼬리를 무는 생각의 폭포에 자꾸 빠져들게 될 것입니다.

명상을 하려고 하면 할수록 오히려 생각이 더 많아지는 것처럼 보일 수도 있습니다. 하지만 이는 두서없이 사방으로 뻗어나가는 생각을 미처 눈치채지 못하고 있다가 이제 비로소 알게 되었을 따름입니다. 집중을 함으로써 마음속에서 벌어지고 있는 일들을 목격하게 된 것입니다.

2단계 : 마음을 좀 더 오래 집중 대상에 고정시킴

집중에 힘쓰면서 '내가 대상에 머물고 있는가?'를 계속 확인하면 마음이 잠시 동안 대상에 머뭅니다. 그러나 아직은 대상에 집중되어 있는 때보다 산만한 때가 더 많습니다. 이것이 두 번째 단계입니다. 이 단계에서는 사방으로 돌아다니던 생각이 잠시 쉬어지기도 하고 갑자기 생각이 다시 일어나기도 합니다.

1단계와 2단계에서 생기는 주된 문제는 게으름과 명상 대상을 놓치는 것입니다. 혼침과 들뜸도 집중이 연속적으로 이어지는 것을 방해합니다. 처음 두 단계에서는 일단 마음이 대상을 향하도록 해야 합니다. 나중 단계에서는 마음이 대상에 계속 머물게 하기 위해 노력할 것입니다.

3단계 : 마음이 산란해지면 다시 집중 대상에 고정시킴

집중이 강해지면 마음이 산란해지는 것을 조금씩 더 빨리 눈치챌 수 있게 됩니다. 그렇게 되면 마음이 산란해질 때마다 곧바로 명상 대상에 다시 주의를 집중할 수 있습니다. 이 단계에서는 집중의 힘이 성숙되어 산만해진 것을 즉시 알아차릴 수 있습니다.

4단계 : 마음을 대상에 밀접하게 고정시킴

집중의 힘이 완전히 무르익어 게으름이나 대상을 놓치는 것에 즉시 대처할 수 있으면 네 번째 단계로 들어서게 됩니다. 이번 단계에서는 대상을 놓치는 일은 없어지며 또한 거친 상태의 들뜸도 없어집니다. 하지만 미세한 상태의 들뜸은 여전히 남아 있으며 그것이 대상을 놓치게 하지는 않지만 때때로 방해가 되기는 합니다. 처음 세 단계에서는 게으름과 대상을 놓치는 것이 주된 문제였다면, 네 번째 단계에서는 혼침과 들뜸이 주된 문제가 됩니다.

5단계 : 마음이 길들여짐

이 단계에서는 정지의 힘이 더 강해지며, 명상으로 얻어진 안정된 마음이 얼마나 이로운 것인지를 경험을 통해 알게 됩니다. 이제 거친 혼침은 더 이상 일어나지 않고 미세한 혼침만 남아 있습니다. 미세한 혼침이 생기면 그에 대한 치료법을 적용함으

로써 느슨해진 마음을 조여 줄 필요가 있습니다.

6단계 : 마음이 평화로워짐

미세한 혼침에 대한 치료법을 적용함으로써 여섯 번째 단계에 이릅니다. 이제 정지의 힘은 충분히 계발되었고, 이런저런 생각과 해로운 마음으로 인해 일어나는 문제점을 경험을 통해서 알게 됩니다. 이 단계에서는 미세한 혼침이 더 이상 큰 문제가 되지 않습니다. 그러나 미세한 혼침을 극복하기 위해 적용한 치료법이 오히려 마음을 고양시킬 수 있으며, 그로 인해 미세한 들뜸을 일으킬 위험이 있습니다.

7단계 : 마음이 완전히 평화로워짐

미세한 들뜸에 대한 치료법을 적용함으로써 일곱 번째 단계에 이릅니다. 욕망, 산만함, 혼침, 무기력 등이 미세한 형태로라도 일어나면 정진을 통해 벗어날 수 있습니다. 이 단계에서는 미세한 혼침이나 들뜸의 영향을 받게 될까 봐 걱정할 필요가 없습니다. 이제는 스스로의 정진력으로 혼침이나 들뜸이 더 이상 일어나지 않게 할 수 있으며, 그것이 약간의 방해는 될지라도 집중하는 데 큰 영향을 미칠 수는 없습니다.

8단계 : 마음이 끊어짐 없이 성성적적하게 대상에 머묾

이 단계에서는 명상을 시작할 때 조금만 노력해도 명상하는

내내 혼침이나 들뜸에 빠지지 않고 아무런 방해 없이 안정적인 명상 상태를 유지할 수 있습니다. 이제는 명상을 하는 동안 혼침이나 들뜸이 일어나지 않을까 살피지 않아도 됩니다. 그렇다고 해서 명료하게 대상을 인식하는 것을 느슨히 해도 된다는 뜻은 아닙니다.

9단계 : 마음이 평등하게 지속적으로 대상에 고정됨
이 단계에서는 더 이상 노력하지 않고도 마음이 원하는 시간만큼 대상에 머뭅니다. 아홉 번째 단계는 저절로 일어납니다. 명상을 시작해서 마음을 대상에 집중시키면 이전 단계에서 필요했던 약간의 노력도 필요 없이 오랜 시간 동안 방해받지 않고 저절로 안정적인 명상 상태가 유지됩니다. 이제 어떤 혼침이나 들뜸도 치료할 필요가 없습니다.

_ **삼매에 든 특징들**

아홉 번째 단계가 자연스럽게 일어나기는 하지만 그래도 아직은 삼매의 전 단계입니다. 이때 혼침이나 들뜸 없이 일념으로 집중하는 힘을 더 키우면 몸과 마음의 유연함이 생겨납니다.
이 단계에서는 우선 머리가 무겁게 느껴집니다. 그렇지만 나쁜 기분이 들지는 않습니다. 또한 삭발한 머리 위에 손을 올려놓은 것처럼 머리 꼭대기에서 따끔따끔한 느낌이 느껴집니다.

이는 '마음의 유연함'이 막 생기려 한다는 표시입니다. 마음의 유연함은 마음이 행복하게 대상에 머무는 명상을 통해서만 생겨나는 마음의 가벼움입니다. 이는 집중을 방해하는 마음의 장애들을 없애 줍니다.

마음의 유연함은 온몸에 좋은 기를 돌게 해서 '몸의 유연함'을 생겨나게 합니다. 몸의 유연함은 피로를 가져오거나 명상을 하고자 하는 열의를 떨어뜨리는 몸의 장애들을 없애줍니다. 그렇게 되면 몸은 마치 솜처럼 가벼워집니다.

몸의 유연함은 '몸의 유연함의 희열'을 가져옵니다. 이는 즉각적으로 온몸이 편안함에 감싸이는 듯한 느낌입니다. 이제 아무런 걸림 없이 자신이 하고 싶은 대로 선한 행동을 할 수 있습니다.

몸의 희열은 '마음의 유연함의 희열'을 가져옵니다. 이로 인해 마음은 즐거움으로 가득 차게 됩니다. 처음에는 마음이 붕 떠 있지만 점차 안정이 됩니다. 이 시점에서 유연함의 흔들림 없는 경지인 부동지不動地에 이르게 됩니다. 바로 이것이 진정한 삼매에 이르렀음을 알리는 표시입니다. 이전에는 단지 삼매와 유사한 상태에 있었을 뿐입니다.

완전한 삼매에 이르러 강하게 집중된 마음이 통찰 지혜와 결합하면 모든 해로운 마음을 정화할 수 있습니다. 명상이 평형 상태에 이르면 몸과 마음의 유연함이 빠르게 생겨나고 마음은 마치 허공과 하나인 것같이 됩니다.

명상을 멈추고 난 다음에는 몸이 새로운 몸처럼 느껴지고 마음의 유연함과 몸의 유연함은 그대로 유지됩니다. 명상을 하지 않고 있을 때도 마음은 산처럼 굳건하며, 마치 벽 속의 작은 입자도 셀 수 있을 것처럼 명료합니다.

즐거운 형상이나 소리, 냄새, 맛, 촉감에 대한 감각적 욕망으로부터 자유로울 뿐만 아니라 해로운 의도, 무기력, 해태와 혼침, 들뜸, 후회, 의심 등으로부터도 자유로워지기 때문에 이전보다 해로운 마음이 줄어듭니다. 또한 잠을 자면서도 쉽사리 명상 상태가 이어져 그 상태에서 멋진 경험을 많이 하게 됩니다.

명상해 보기
<9-1>

❶ 혼침에 대응하려면 명상 대상에 조금 더 강하게 집중해 봅니다.

그것이 효과가 없으면 대상을 밝게 하거나 높게 하거나, 아니면 세부적인 부분에 더 주의를 기울여 봅니다.

그것이 효과가 없으면 잠시 대상을 내려놓고 즐거운 주제에 대해 생각합니다. 예를 들어 자애나 연민 같은 훌륭한 덕목에 대해 생각하거나 인간으로 태어나 수행할 수 있는 멋진 기회를 얻은 것 등에 대해 생각하면 좋을 것입니다.

그것이 효과가 없으면 명상을 멈추고 높은 곳이나 시야가 넓게 터진 곳으로 갑니다.

❷ 들뜸에 대응하려면 명상 대상에 집중하는 방식을 조금 느슨하게 해 봅니다. 그것이 효과가 없으면, 마음속에서 명상 대상을 조금 낮추고 그것이 무겁다고 상상해 봅니다.

그것이 효과가 없으면 대상을 잠시 내려놓고 좀 더 심각한 주제에 대해 생각합니다. 예를 들어 무지로 인해 윤회의 고통이 시작된 것, 혹은 죽음이 임박한 것 등에 대해 생각하거나 마음이 옮아간 대상의 해로움이나 마음이 흩어진 것 자체의 해로움에 대해 생각해 보는 것도 도움이 됩니다.

명상을 하면서 집중이 흐트러질 때마다 이들 방법을 적용하면 크게 도움이 될 것입니다.

4장.
'나'에 대한 착각을 없애기

무엇을 찾지 못했을 때 단지 맥없이 "찾지 못했다"라고 말해서는 안 된다.
예를 들어, 누가 자기 소를 잃어버리면 "소는 이러이러한 곳에 없더라"는
말만 듣고 그냥 사실로 받아들이지는 않는다. 그 지역의 높은 곳과 중간 지대,
저지대를 빠짐없이 샅샅이 뒤진 후에야 비로소 소를 찾을 수 없다는 확실한
결론에 이르게 된다. 마찬가지로 '나'를 찾을 때도 결론에 이를 때까지
계속 명상을 해야 비로소 확신을 얻을 수 있다.

10

나의 본래 모습을
제대로 알기

하나를 통해 전부를 알 수 있다.
하나를 통해 또한 전부를 볼 수 있다.

-붓다

기쁨과 고통을 겪는 것도, 문제를 만드는 것도, 업을 쌓는 것
도 바로 '나' 자신이기 때문에 분석은 나 자신으로부터 시작되어
야 합니다. '나'에게 고정된 실체가 없다는 점을 이해하게 되면
그렇게 이해한 것을 내가 좋아하고 경험하고 사용하는 모든 것
들에게로 확대할 수 있습니다. 이런 의미에서 '나'는 제일 중요합
니다.

그렇기 때문에 나가르주나는 '나'의 무아를 먼저 설명하고
나서 그것을 현상의 무아에 대한 예로 듭니다. 그는 《보행왕정
론》에서 다음과 같이 말합니다.

'나'는 땅이 아니고 물이 아니고
불이 아니고 바람이 아니고 공간이 아니고
의식이 아니고 그들 전부도 아니다.
이것들 말고 어떤 '나'가 있다는 말인가?

'나'라는 것이 여섯 가지 요소의 합에
의존해서 이루어졌기 때문에
고정된 실체로서 성립되지 않는 것처럼
그 각각의 요소 또한 어떤 것의 합에
의존해서 이루어지기 때문에
고정된 실체로서 성립되지 않는다.

사람이 여섯 가지 요소, 즉 흙(몸의 단단한 물질들), 물(액체), 불(열), 바람(에너지, 움직임), 허공(몸의 비어 있는 부분들), 의식의 합에 의존하기 때문에 고정된 실체가 없듯이, 이들 각각의 요소 또한 다시 자신의 부분들에 의존해서 형성되므로 고정된 실체가 없습니다.

예를 들어 보면 이해하기가 훨씬 쉽습니다. 부처님께서는 《삼매왕경》에서 다음과 같이 말씀하셨습니다.

자신에 대해 잘못된 인식을 가진 것을 알게 되었으면
이를 모든 현상에 적용하라.

모든 현상은 허공처럼 고정된 실체를 지니지 않는다.

하나를 통해 전부를 알 수 있다.
하나를 통해 또한 전부를 볼 수 있다.

'나'의 본래 모습을 제대로 알고 나면 똑같은 추론 과정을 통해 모든 내적, 외적 현상들을 이해할 수 있습니다. '나'라는 현상이 어떻게 존재하는지를 보면 다른 모든 현상들의 본질 또한 알 수 있는 것입니다. 그렇기 때문에 명상을 할 때 먼저 자기 자신에게 고정된 실체가 없음을 깨닫고 그러고 나서 다른 현상에 대해서도 마찬가지로 고정된 실체가 없음을 깨닫고자 노력해야 합니다.

명상해 보기
<10>

❶ '나'는 모든 문제의 중심에 있습니다.

❷ 그러므로 먼저 '나'의 본래 모습을 이해하려고 노력하는 것이 좋습니다.

❸ 그런 후에 이러한 깨달음(실체 없음)을 마음, 몸, 집, 자동차, 돈 등 다른 모든 현상들에 적용해 볼 수 있습니다.

11

나는 스스로
존재하지 않는다

마차가 각 부분들의 합에 의존해서
마차라고 말로 설명되듯이
중생은 관습적으로
정신적 육체적 요소들의 합에 의존해서 존재한다.

-붓다

불교에서 '자아'라는 단어는 두 가지 의미를 지니는데 혼란
을 피하기 위해 이 두 가지 의미는 반드시 구분되어야 합니다. 자
아의 한 가지 의미는 '사람' 혹은 '살아 있는 존재'입니다. 이는 사
랑하고 미워하며, 이런저런 행동을 하고 선업과 악업을 쌓으며,
그러한 행동의 과보를 받으며, 윤회를 통해 다시 태어나며, 정신
적인 길을 닦아 나가는 존재입니다.
　자아의 또 다른 의미는 무아라는 단어에 들어 있습니다. 이

는 '자성自性'이라고 불리는 존재의 왜곡되고 과장된 상태를 가리킵니다. 그런 부풀려진 생각에 집착하는 것이 바로 모든 그릇된 태도의 근원이며 파멸의 근원입니다. 우리는 무지로 인해 '나'라는 것이 정신적, 육체적 요소들에 의존하는 것이 아니라 스스로 존재하는 독자적 실체라고 잘못 부풀려 생각합니다. 정신적, 육체적 요소들 그 어디에도 그런 부풀려진 존재는 없는데 말입니다.

그렇다면 '나'의 실제 상태는 무엇일까요? 자동차가 바퀴나 축 등과 같은 여러 부분들에 의존해서 존재하듯이 '나'는 관습적으로 마음과 몸에 의존하여 형성됩니다. 몸과 마음과는 별개로 존재하거나, 혹은 몸과 마음 안에서 발견되는 '나'는 없습니다.

_ 이름과 생각만으로 만들어진 것

이러한 이유로 불교에서는 '나', 그리고 모든 다른 현상들을 '이름뿐'이라고 설명합니다. 이는 '나', 그리고 다른 모든 현상들이 단지 말에 불과하다는 뜻은 아닙니다. 왜냐하면 이러한 말은 실제 대상을 가리키고 있기 때문입니다.

정확히 말하면 이름뿐이라는 말은 모든 존재와 현상은 독자적 실체로서 스스로 성립되지 않는다는 뜻입니다. 우리는 이 점을 염두에 둘 필요가 있습니다. 왜냐하면 '나', 그리고 다른 모든 현상들이 단지 이름과 생각만으로 만들어진 것이라고 보기는 쉽지 않기 때문입니다.

예를 들어 봅시다. 우리는 달라이 라마가 스님이고, 사람이고, 티베트인이라고 말합니다. 이렇게 말하면 그의 몸이나 마음이 아닌 별개의 무엇인가에 대해 말하고 있는 것 같지 않습니까? 깊이 생각해 보지 않으면 그의 몸과 별개인, 심지어 그의 마음과도 별개인 달라이 라마가 따로 있는 것 같지 않습니까?

아니면 나 자신에 대해 생각해 봅시다. 예를 들어 내 이름이 제인이라면 '제인의 몸, 제인의 마음'이라고 말하면서 마치 그 마음과 몸을 소유하는 제인이 따로 있고, 제인이 소유하고 있는 마음과 몸이 따로 있는 것처럼 보입니다.

이러한 관점이 잘못되었다는 것을 어떻게 하면 알 수 있을까요? 마음과 몸 안에는 '나'일 수 있는 것이 아무것도 없다는 점에 주목해 봅시다. 마음과 몸 안에는 실재하는 '나'가 없습니다. 자동차가 그것의 부품들에 의존해서 존재하지만 그렇다고 해서 그 부품들의 합이 자동차인 것은 아닙니다.

그와 마찬가지로 '나'는 몸과 마음에 의존합니다. 몸과 마음에 의존하지 않는 '나'는 존재하지 않습니다. 마음과 몸 안에서 찾을 수 없고, 마음과 몸의 총합도 아니고, 다만 그 이름과 우리의 생각을 통해서만 존재하는 '나'를 이해해야만 나의 실제 모습을 이해할 수 있습니다.

'나'의 존재 방식을 깨닫는 4단계

내가 실제로 존재하는 방식을 깨닫는 데에는 네 단계가 있습니다. 먼저 이 단계들을 간단히 설명한 후에 다시 자세하게 설명하고자 합니다.

첫 번째 단계는 내가 반드시 버려야 하는 무지한 생각이 무엇인지를 아는 것입니다. '나'는 내 마음에 어떻게 비춰집니까? 그것은 마치 구체적으로 존재하는 것처럼 보입니다. 생각에 의존해서 존재하는 것으로 보이지는 않습니다. 이런 식으로 잘못이해하고 있는 것을 알아내고 거기에 주목해야 합니다. 그것이첫 번째 단계에서 우리의 목표입니다.

우리는 '나'가 독자적으로 형성된 것이라고 생각합니다. 그렇기 때문에 만일 나 자신을 찾기 위한 분석을 통해서 나를 찾지못하면 '나'는 아예 존재하지 않는다고 착각할 수 있습니다. 몸과마음 안에서 나 자신을 찾거나, 혹은 몸과 마음과는 별개로 나 자신을 찾는 분석을 했을 때 '나'를 찾지 못하면 '나'라는 것이 아예존재하지 않는다는 잘못된 결론을 내릴 수도 있습니다.

그렇지만 여기서 존재하지 않는 것은 독자적인 '나', 즉 고정된 실체로서의 '나'일 뿐입니다. 자칫하면 허무주의에 빠질 위험이 있기 때문에 무아에서 없다고 부정하는 것이 무엇인지를 이해하는 것은 매우 중요한 단계입니다.

두 번째 단계는 만일 '나'라는 것이 겉으로 보이는 것처럼 존재한다면 그것이 몸과 마음과 함께 있는지 아니면 몸과 마음과 별개로 있는지를 알아내는 것입니다. 그 두 가지 이외에 다른 가능성이 없음을 확인하고 나면 세 번째와 네 번째 단계에서는 '나', 그리고 몸과 마음의 결합체가 하나의 고정불변한 실체인지 아니면 별개의 고정불변한 실체인지를 알아내기 위한 분석을 하게 됩니다.

다음 장에서 차차 논의하겠지만 명상을 해 보면 '나'를 위에서 말한 두 가지 중 어느 하나로 생각하는 것이 잘못되었음을 알게 됩니다. 그렇게 되면 고정된 실체로서 존재하는 '나'는 없다는 것을 쉽사리 알 수 있습니다. 이것이 바로 무아를 깨닫는 것입니다. '나'라는 것이 스스로 존재하지 않음을 깨닫게 되면 '나의 것'도 스스로 존재하지 않는다는 것은 쉽게 깨달을 수 있습니다.

_ '나'를 생각하고 있는 '나'

모든 존재와 현상은 우리의 생각과는 상관없이 스스로의 힘으로 존재하는 것처럼 보입니다. 우리는 어떤 대상을 볼 때 그것이 나 자신이든 다른 사람이든 몸이든 마음이든 혹은 무슨 물건이든 그것의 드러나 보이는 모습이 마치 그것의 최종적이고 내면적이고 실제의 상태인 것처럼 받아들입니다.

이는 우리가 스트레스를 받는 상황에 있을 때 특히 잘 드러납니다. 예를 들어 내가 하지도 않은 어떤 일에 대해 "네가 이러이러한 것을 망쳐놓았어"라고 누군가 나를 비판하면 갑자기 '나는 그런 일을 하지 않았어!'라는 생각이 강하게 들 것입니다.

그럴 때 '그 순간 나는 내 마음에 어떻게 비춰지는가? 내가 높게 평가하고 소중히 여기는 '나'가 어떤 방식으로 존재하는 것처럼 보이는가? 나는 그 점을 어떻게 이해하고 있는가?'라는 질문들에 대해 깊이 생각해 보아야 합니다. 그렇게 하면 왜 '나'를 독자적으로 존재하는 것으로 이해하는지 느낌이 올 것입니다.

다른 예를 하나 더 들어 봅시다. 우리는 뭔가 중요한 일을 잊어버리고 하지 않았다는 것을 알았을 때 '이렇게 기억력이 형편없다니!'라며 자신의 마음에 대해 화를 냅니다. 내 자신의 마음에게 화를 낼 때, 화를 내는 '나'와 화를 내는 대상인 나의 마음은 서로 별개의 것처럼 보입니다.

우리 몸이나 몸의 일부분에 대해 화를 낼 때도 마찬가지입니다. 이때 화를 내는 '나'는 화를 내는 대상인 몸과는 별개로 본래 있는 존재인 것처럼 보입니다. 이와 같은 경우에 처했을 때 '나'라는 것이 어떻게 독자적으로 존재하는 것처럼 보이는지, 즉 마치 그것이 스스로 움직이고, 자기 자신의 특질에 의해 만들어진 것처럼 보이는지를 관찰할 수 있습니다. 그렇게 생각하면 '나'라는 것이 몸과 마음에 의존해서 형성된 것처럼 보이지 않을 것입니다.

어떤 일을 망치고 나서 마음속으로 '내가 정말 큰 실수를 했구나'라고 생각했던 때가 있습니까? 그런 순간에는 '나'라는 것이 마음도 아니고 몸도 아니고, 그보다 훨씬 더 강력한 자기 자신만의 구체적인 실체가 있다고 인정하는 것입니다.

혹은 내가 훌륭한 일을 했거나 나한테 좋은 일이 일어나서 아주 자랑스러워했던 때를 기억해 보십시오. 그럴 때의 '나'는 너무나 중요하고 소중하며 큰 자부심의 대상이기 때문에 아주 구체적이고 생생하게 느껴집니다. 그럴 때는 '나'라는 생각이 특히 더 분명합니다.

일단 그렇게 분명한 '나'의 모습을 붙잡게 되면 그 강한 '나'를 마음속에 떠올려 보십시오. 그다음 그것의 생생한 모습을 손상시키지 않은 채 그것이 겉으로 보이는 것처럼 그렇게 확실히 존재하는지를 슬쩍 조사해 보면 됩니다. 17세기의 제5대 달라이 라마는 이에 대해 다음과 같이 분명하게 말씀하셨습니다.

때때로 '나'는 몸의 맥락에서 존재하는 것처럼 보일 것이다. 때때로 '나'는 마음의 맥락에서 존재하는 것처럼 보일 것이다. 때때로 '나'는 느낌이나 인식 혹은 다른 요소들의 맥락에서 존재하는 것처럼 보일 것이다. '나'가 이렇게 다양하게 드러나는 모습들을 알고 나면 그때는 스스로 존재하고, 본래 존재하고, 처음부터 스스로 생겨났고, 그 자체가 물과 우유처럼 섞여 있어 몸과 마음과 구별되지 않는 '나'라는 것이 있다고 생각하게 될 것이다. 이것이 첫 번째 단계, 즉 무아의 관점에서 무엇을 부정하고자 하는지 확인하는 단계이다.

이러한 확고한 '나'는 존재하지 않습니다. 앞으로 설명하는 나머지 세 단계는 '나'라는 것이 사실은 상상의 산물임을 이해하는 것을 목표로 합니다. 차후의 단계가 제대로 진행되려면 스스로 성립된 '나'가 있다는 이처럼 강력한 느낌을 인정하고 그 느낌을 잘 유지하는 것이 매우 중요합니다.

명상해 보기
<11>

~~~~~~

➊ 내가 하지도 않은 어떤 일에 대해 누군가가 "네가 이러이러하게 망쳐 놓았다"고 비난한다고 생각해 보십시오.

➋ 자신의 반응을 지켜보십시오. '나'는 내 마음에 어떻게 비춰집니까?

➌ 그것을 어떤 식으로 이해합니까?

➍ 그 '나'가 어떻게 독자적으로 존재하고, 스스로 움직이고, 스스로의 특징에 의해 성립된 것처럼 보이는지에 주목하십시오.

또한

➊ 무언가를 기억해 내지 못했을 경우에 자신의 마음에 대해 짜증이 났던 때를 기억해 보십시오.

➋ 그때의 느낌을 되새겨 보십시오. 그때 '나'는 내 마음에 어떻게 비춰졌습니까?

➌ 그것을 어떤 식으로 이해했습니까?

➍ 그 '나'가 어떻게 독자적으로 존재하고, 스스로 움직이고, 스스로의 특징에 의해 성립된 것처럼 보이는지에 주목하십시오.

~~~~~~

또한

❶ 자신의 몸에 대해 혹은 자신의 몸의 어떤 특징에 대해 짜증이 났던 때를
기억해 보십시오.

❷ 그때의 느낌을 되새겨 보십시오. 그때 '나'는 내 마음에 어떻게
비춰졌습니까?

❸ 그것을 어떤 식으로 이해했습니까?

❹ 그 '나'가 어떻게 독자적으로 존재하고, 스스로 움직이고, 스스로의 특징에
의해 성립된 것처럼 보이는지에 주목하십시오.

또한

❶ 어떤 끔찍한 일을 하고 "내가 정말 큰 실수를 했구나"라고 생각했던 때를
기억해 보십시오.

❷ 그때의 느낌을 되새겨 보십시오. 그때 '나'는 내 마음에 어떻게
비춰졌습니까?

❸ 그것을 어떤 식으로 이해했습니까?

❹ 그 '나'가 어떻게 독자적으로 존재하고, 스스로 움직이고, 스스로의 특징에
의해 성립된 것처럼 보이는지에 주목하십시오.

또한

❶ 어떤 훌륭한 일을 하고 그것에 대해 크게 자랑스러워했던 때를 기억해 보십시오.

❷ 그때의 느낌을 되새겨 보십시오. 그때 '나'는 내 마음에 어떻게 비춰졌습니까?

❸ 그것을 어떻게 이해했습니까?

❹ 그 '나'가 어떻게 독자적으로 존재하고, 스스로 움직이고, 스스로의 특징에 의해 성립된 것처럼 보이는지에 주목하십시오.

또한

❶ 어떤 멋진 일이 일어나서 그것에 대해 크게 기뻐했던 때를 기억해 보십시오.

❷ 그때의 느낌을 지켜보십시오. 그때 '나'는 내 마음에 어떻게 비춰졌습니까?

❸ 그것을 어떻게 이해했습니까?

❹ 그 '나'가 어떻게 독자적으로 존재하고, 스스로 움직이고, 스스로의 특징에 의해 성립된 것처럼 보이는지에 주목하십시오.

12

내 속의 수많은 나, 어떤 존재 방식을 택할 것인가

현상을 무아로 분석하고
분석한 것에 대해 명상하는 것
이것이 열반이라는 열매를 얻는 원인이다.
다른 원인을 통해서는 평온에 이르지 못한다.

-붓다

첫 번째 단계에서는 '나'라는 것이 내 마음에 어떻게 보이는지를 알아보았습니다. 그렇게 알아보는 이유는 고정된 실체, 즉 자성이라는 것이 무엇인지 알지 못하면 무아無我나 공空에 대해 아무리 많은 말을 해도 단지 말에 지나지 않기 때문입니다.

어떤 대상이 스스로의 힘으로 존재한다고 여기는 우리의 생각을 일단 확인하고 난 다음, 무아와 공에 대해 명상하면 스스로 존재하는 것으로 생각했던 대상이 실은 그런 방식으로 존재하지 않는다는 것을 쉽게 이해할 수 있습니다.

그 대상이 왜 실제로 존재하는 것처럼 보이는지, 그리고 우리는 왜 그런 모습을 그대로 받아들이게 되었는지 알지 못하면 공에 대한 훌륭한 가르침들을 제대로 이해하기 어렵습니다. 그러므로 명상을 하면서 계속 첫 번째 단계로 돌아가야 합니다. 지혜가 깊어지면 깊어질수록 대상에 대한 분석이 점점 더 섬세해지기 때문입니다.

_ '나'가 존재하는 두 가지 방식

첫 번째 단계에 이어 이제는 다음 단계의 분석을 위한 논리적 구조를 세워야 합니다. 일반적으로 우리가 마음에 담는 것은 그것이 무엇이든 하나이거나 아니면 하나 이상, 즉 단수이거나 복수여야 합니다. 따라서 고정된 실체를 지니고 있는 것은 하나이거나 아니면 여러 개여야 합니다. 그밖의 다른 가능성은 없습니다. 이는 '나'라는 것이 고정된 실체를 지니고 있다면 몸-마음과 하나이거나 아니면 몸-마음과 완전히 다른 것이어야 함을 의미합니다.

이러한 변수들에 대해 생각해 볼 필요가 있습니다. 이들은 첫 번째 단계에서 우리가 확인했던 대상이 실제 그런 방식으로 존재하는지의 여부를 검증하는 데 필요합니다. 만일 그 대상이 우리가 생각했던 방식으로 존재한다면 이와 같은 분석을 통과할 수 있어야 합니다.

❶ 고정된 실체를 지닌 '나'가 몸-마음과 동일하거나 아니면 몸-마음과 별개인 것 외에 달리 존재할 방법이 있는지 분석합니다.

❷ 컵과 탁자 혹은 집과 산 같은 것을 예로 들어 봅니다. 제3의 존재 방식은 없음을 확인합니다. 그들은 동일하거나 아니면 다릅니다.

❸ '나'라는 것이 겉으로 보이는 것처럼 고정된 실체를 지니고 있다면 그것은 몸-마음과 동일하거나 아니면 몸-마음과 별개로 존재해야 합니다.

13

분석하기 : '나'는 몸과 마음과 하나인 '나'인가?

마음을 최고로 정화시키는 가르침은
자성은 없다는 것이다.

-나가르주나,《세간찬》

이제 '나'라는 것이 몸과 마음과 하나일 수 있는지 분석할 준비가 되었습니다. 만일 '나'가 우리 마음에 비춰지듯이 독자적으로 형성된 것이고 또한 몸-마음과 동일한 것이라면 '나'와 몸-마음은 결코 다를 수 없습니다. 그들은 모든 면에서 완전히 동일해야 합니다.

보이는 모습과 실제 존재하는 방식이 다른 것들은 모두 거짓된 것입니다. 진실된 것이라면 보이는 모습과 실제 모습 간에 차이가 있을 수 없습니다. 진실인 것은 그것이 존재하는 방식 그대로 보여야 하며, 그것이 보이는 모습 그대로 존재해야 합니다.

만일 '나'가 몸-마음과 동일하다면 '나'라는 것이 따로 존재
한다고 주장하는 것이 이치에 맞을까요? 나가르주나는《중론》
에서 다음과 같이 말합니다.

몸과 마음의 결합체 외에 '나'가 없다면
몸과 마음의 결합체 자체가 '나'가 된다.
그렇다면 '나'는 따로 존재하지 않는다.

만일 '나'와 몸-마음 결합체가 똑같다면 '나의 몸'이나 '나의
머리' 혹은 '나의 마음'이라고 생각할 수도 없고 '나의 몸이 튼튼
해지고 있다'고 생각할 수도 없습니다. 또한 '나'와 몸-마음이 하
나라면 몸과 마음이 더 이상 존재하지 않으면 '나'도 존재하지 않
게 됩니다.
두 번째 문제는 몸과 마음은 복수이기 때문에 '나'도 복수여
야 한다는 점입니다.
찬드라키르티는 다음과 같이 말합니다.

몸과 마음이 '나'라면
몸과 마음은 복수이기 때문에
'나'도 복수가 된다.

아니면 '나'가 하나이므로 몸과 마음도 하나라는 이상한 상

황이 발생합니다.

세 번째 문제는 몸과 마음이 형성되고 허물어지는 것처럼 '나'도 본질적으로 형성되고 본질적으로 허물어져야 한다는 것입니다. 비록 불자들이 '나'는 형성되고 허물어진다는 것을 인정하기는 하지만 그것은 관습적으로 그렇게 된다고 믿는 것이지 본질적으로 그렇게 된다고 믿는 것은 아닙니다.

고정된 실체가 없으면 연속된 여러 순간들이 나중 순간이 먼저의 순간에 의존하는 연속체를 형성할 수 있습니다. 그러나 만일 '나'라는 것이 본질적으로 형성되고 허물어진다면 우리 삶의 현재 순간들이 이전의 순간들에 의지할 수 없게 됩니다. 왜냐하면 각각의 순간들이 어떤 것에도 의존하지 않고 스스로 일어나고 사라지기 때문입니다. 다음 생이 이전의 생에 의존해서 일어나는 것도 마찬가지입니다. 이러한 경우에 각각의 생은 독자적으로 존재하기 때문에 전생이란 것이 있을 수 없게 됩니다.

부처님께서 전생에 대해 말씀하신 것을 두고 일부 사람들은 이것이 깨달음을 얻고 난 후의 부처님과 그 전생의 존재가 같은 사람이며 따라서 영원함을 의미하는 것이라고 오해합니다. 그러나 부처님께서는 전생을 말씀하실 때 현생의 특정 시간과 특정 장소에 존재하는 개인이 전생의 특정 시간과 특정 장소에 존재했던 바로 그 사람이라고 말씀하지 않으셨습니다.

전생에서 행위(업)를 한 주체와 지금 그 행위의 과보를 받는 주체는 모두 한 생에서 다음 생으로 계속 이동하는 고정된 실체를 갖지 않은 나, 혹은 '단지 나'의 연속체에 포함됩니다. 만일 '나'가 독자적으로 생겨나고 허물어진다면 그런 연속성은 불가능할 것입니다. 왜냐하면 두 생, 즉 행위를 한 사람과 그 과보를 받는 사람이 서로 상관이 없어지기 때문입니다.

이렇게 되면 선한 행위의 좋은 결과와 불선한 행위의 나쁜 결과가 열매를 맺지 못하고, 어떤 행위의 결과가 헛된 것이 되고 마는 터무니없는 결과를 낳게 됩니다. 게다가 지금 우리는 분명히 행위의 결과를 받고 있으니 그렇다면 자신이 저지르지도 않은 행위의 결과를 받고 있는 셈이 될 것입니다.

명상해 보기
<13>

'나'가 스스로 이루어진 것이고 또한 그것이 몸-마음과 동일한 것이라면 어떤 결과가 올지에 대해 생각해 보십시오.

① '나'와 몸-마음은 완전히 그리고 모든 면에서 하나여야만 합니다.

② 그러한 경우에 '나'라는 것이 따로 있다고 주장하는 것은 무의미할 것입니다.

③ '나의 몸'이나 '나의 머리' 혹은 '나의 마음'이란 것을 생각하는 것은 불가능할 것입니다.

④ 몸과 마음이 더 이상 존재하지 않으면 '나'도 더 이상 존재하지 않을 것입니다.

⑤ 몸과 마음은 복수이기 때문에 '나'도 복수일 것입니다.

⑥ '나'는 하나이기 때문에 몸과 마음도 하나일 것입니다.

⑦ 몸과 마음이 생겨나고 허물어지듯이 '나'도 본질적으로 생겨나고 본질적으로 허물어진다고 주장해야 할 것입니다. 이 경우에 선한 행위의 좋은 결과도 불선한 행위의 나쁜 결과도 우리에게 열매를 맺지 못하게 되거나 아니면 자기가 하지도 않은 행위의 결과를 받게 됩니다.

스스로의 힘으로 본래 생겨난 것은 서로 관련이 없고 별개의 것이어야 하며 동일한 연속체에 포함될 수 없습니다. 이 점을 이해하려면 '나', 그리고 일체 현상들이 왜 스스로 이루어진 것처럼 보이는지, 우리가 왜 그런 모습을 받아들이고 그에 따라 행위를 하는지를 정확하게 이해해야 합니다.

14

분석하기 : '나'는 몸과 마음 밖에 존재하는 '나'인가?

거울에 비춰진 얼굴의 이미지가
얼굴로 실제 존재하는 것이 아니듯이
'나'라는 개념도 몸과 마음에 의존하여 존재하지만
실제로 존재하는 것이 아니다.

- 나가르주나,《보행왕정론》

이제 '나'와 몸-마음이 서로 다른 것일 수 있는지에 대해 살펴봅시다. 정신적인 것들이나 육체적인 것들은 '복합적 존재'라고 불리는데, 이는 그들이 순간순간 생겨나고 유지되고 허물어지기 때문입니다. 이런 특징으로 인해 우리는 정신적인 것이나 육체적인 요소들은 특정 원인과 조건으로 인해 존재하며 따라서 영원한 것이 아니라는 점을 알게 됩니다.

만일 '나'와 모든 영원하지 않은 현상들이 본래적으로 다른 것이라면 '나'는 모든 영원하지 않은 현상들의 특징, 즉 생겨나고 유지되고 허물어지는 특징을 갖지 않을 것입니다. 이는 말이 코끼리와 다른 실체이기 때문에 코끼리의 특징을 지니지 않는 것과 마찬가지입니다.

찬드라키르티는 다음과 같이 말합니다.

만일 '나'가 몸-마음과 다르다면
의식이 몸과 다른 것과 마찬가지로
'나'는 몸-마음과 완전히 다른 특징을 지닐 것이다.

다시 말해서 만일 '나'와 몸-마음이 본래적으로 다르다면 '나'는 망상의 산물이거나 아니면 영원히 존재하는 것이어야만 합니다. 또한 몸이나 마음이 지닌 특징을 지니지 못할 것이며 따라서 몸-마음과는 완전히 별개의 것으로 보여야 합니다. '나'를 찾으려면 몸-마음과는 별개인 무엇인가를 발견해야 합니다. 하지만 그럴 수가 없습니다. '나'는 몸-마음의 맥락에서만 인식됩니다.

찬드라키르티는 다음과 같이 말합니다.

몸과 마음의 결합체가 아닌 '나'는 없다.
왜냐하면 몸과 마음의 결합체와 별도인 '나'란 것은
존재하지 않기 때문이다.

명상해 보기
<14>

'나'라는 것이 스스로 이루어진 것이고 그것이 몸-마음과 본질적으로
다르다면 그 결과가 어떨지 생각해 봅시다.

❶ '나'와 몸-마음은 완전히 별개여야만 합니다.

❷ 그렇다면 몸과 마음이 없어지고 나서도 '나'를 찾을 수 있어야 합니다.

❸ '나'는 생겨나고 유지되고 허물어지는 특징을 지니지 않아야 되는데 이는
터무니없습니다.

❹ '나'는 터무니없게도 망상의 산물이거나 아니면 영원히 존재하는
것이어야 합니다.

❺ '나'는 터무니없게도 몸과 마음이 지닌 그 어떤 특징도 지니지 못할
것입니다.

15

결론 : 고정된 실체를 지닌 '나'는 존재하지 않는다

무지로 인해 이전에 잘못 상상했던 것의 실체가
나중에 확인된다.

-나가르주나,《보행왕정론》

17세기 중반의 제5대 달라이 라마는 판에 박히고 기계적인
분석이 아니라 날카롭고 예리한 분석을 해야 한다고 강조했습니
다. 구체적으로 존재하는 '나'를 찾고자 할 때 그것을 몸-마음과
동일한 것으로도, 본래 다른 것으로도 찾지 못한다면 반드시 철
저한 탐구를 계속해야만 합니다.

제5대 달라이 라마는 다음과 같이 말씀하셨습니다.

무엇을 찾지 못했을 때 단지 맥없이 "찾지 못했다"라고 말
해서는 안 된다. 예를 들어, 누가 자기 소를 잃어버리면 "소

는 이러이러한 곳에 없더라"는 말만 듣고 그냥 사실로 받아들이지는 않는다. 그 지역의 높은 곳과 중간 지대, 저지대를 빠짐없이 샅샅이 뒤진 후에야 비로소 소를 찾을 수 없다는 확실한 결론에 이르게 된다. 마찬가지로 '나'를 찾을 때도 결론에 이를 때까지 계속 명상을 해야 비로소 확신을 얻을 수 있다.

이런 식으로 분석을 하다 보면 전에는 그렇게도 명백히 존재하는 것처럼 보였던 '나'에 대해 의문이 들기 시작할 것입니다. 그러고는 점차 이렇게 생각하게 됩니다. '아하! 전에는 그렇게 실제로 존재하는 것처럼 보였는데 어쩌면 그렇지 않을 수도 있겠구나.'

분석을 하면 할수록 그런 '나'는 존재하지 않는다는 것을 마음속 깊은 곳으로부터 확신하게 됩니다. 단순한 말의 차원이 아니라 아무리 실제로 존재하는 것처럼 보여도 그렇지 않다는 확신을 얻게 되는 것입니다. 이는 다름 아닌 철저한 분석의 결과입니다. 즉, 그런 '나'는 존재하지 않는다는 것을 마음속으로부터 결론 내린 것입니다.

나는 많은 사람들 앞에서 강연을 시작할 때면 청중 한 사람 한 사람이 단지 생각의 힘으로, 즉 관습적으로 존재하는 게 아니라 마치 본질적으로 존재하는 것처럼 보인다는 생각을 하곤 합니다. 그들은 모두 참으로 확고하게 존재하고 있는 것처럼 보입니다.

하지만 그들이 정말 그런 식으로 확고하게 존재한다면 방금 설명한 분석 방법을 통해 그런 존재를 발견할 수 있어야 합니다. 그러나 발견할 수가 없습니다. 그들이 겉으로 보이는 모습과 실제로 존재하는 모습은 서로 일치하지 않습니다. 그러므로 나는 《중론》에서 나가르주나가 했던 말 등을 깊이 사유하면서 무아에 대해 내가 알고 있는 것을 마음속에 떠올려 봅니다.

나가르주나는 부처님께서 본래 존재하시는지를 다음과 같이 살펴보았습니다.

부처님은 그의 몸과 마음 결합체가 아니다.
부처님은 그의 몸과 마음 결합체 이외의 것이 아니다.
몸과 마음 결합체는 부처님 안에 있지 않다.
부처님은 몸과 마음 결합체 안에 있지 않다.
부처님은 몸과 마음 결합체를 갖고 있지 않다.
그렇다면 어떤 부처님께서 계시는 것인가?

나가르주나는 부처님을 무아의 한 예로 들고 있습니다. 나자신의 무아에 대해서도 이와 같은 식으로 깊이 생각해 보아야 합니다. 이를 나 자신에게 적용해 보면 다음과 같이 생각할 수 있습니다.

승려 텐진 가쵸는 그의 몸과 마음 결합체가 아니다.
그는 그의 몸과 마음 결합체 이외의 것이 아니다.
몸과 마음 결합체는 그의 안에 있지 않다.
그는 몸과 마음 결합체 안에 있지 않다.

그는 몸과 마음 결합체를 갖고 있지 않다.
그렇다면 어떤 텐진 가쵸가 있는 것인가?

승려 텐진 가쵸는 머리끝에서 발끝에 이르기까지 그의 몸과 마음 결합체 안에 있는 어떤 것이 아닙니다. 몸과 마음 결합체 안에서 승려 텐진 가쵸를 찾으면 어디에서도 발견되지 않습니다. 안식眼識에서도, 이식耳識에서도, 비식鼻識에서도, 설식舌識에서도, 신식身識에서도, 의식意識에서도 발견되지 않습니다. 깨어 있는 의식에서도, 꿈꾸는 의식에서도, 깊은 수면 의식에서도, 그리고 끝으로 죽음의 밝은 빛에서도 발견되지 않습니다. 이 중 어떤 것이 텐진 가쵸인가요? 어느 것도 텐진 가쵸가 아닙니다.

몸과 마음 결합체 바깥에도 텐진 가쵸는 없습니다. 게다가 텐진 가쵸는 별개의 실체로서 몸과 마음 결합체에 의존하지 않습니다. 또한 몸과 마음 결합체는 별개의 실체로서 텐진 가쵸에게 의존하지 않습니다. 그렇게 되려면 텐진 가쵸와 몸과 마음 결합체가 서로 다른 실체여야 하는데 이는 불가능합니다.

또한 텐진 가쵸는 소를 갖고 있는 사람의 경우처럼 서로 다른 실체로서 몸과 마음 결합체를 갖고 있지도 않고, 속에 고갱이를 지닌 나무의 경우처럼 같은 실체 안에서 몸과 마음 결합체를 갖고 있지도 않습니다.

그러면 어떤 텐진 가쵸가 있을까요? 확실히 아무것도 발견되지 않습니다. 몸과 마음 결합체의 일부분으로서도 아니고, 몸과 마음 결합체에 의존하는 별개의 실체로서도 아니고, 몸과 마음 결합체를 갖고서도 아니고, 그리고 몸과 마음 결합체의 연속체로서도 발견되지 않습니다. 그렇다면 '나'라는 것은 몸과 마음 결합체에 의존해서 형성된다는 점이 분명해집니다.

이러한 분석은 우리가 보통 생각하는 방식과 정반대입니다. '나는 승려이다'라고 생각할 때 내 마음속에는 몸과 마음을 지닌 승려의 모습이 떠오릅니다. 우리는 모두 사람입니다. 그것은 분명합니다. 나 자신을 한 사람으로 보고 또 다른 사람을 저쪽에 있는 또 다른 사람으로 볼 때 그 두 사람은 아주 구체적인 존재로 보입니다.

그러나 그 실제 사람이 무엇인지 알기 위해서 분석을 하면 그 사람이라고 할 수 있는 어떤 것도 찾아내지 못합니다. 분명히 존재하는 것처럼 보였던 사람을 도저히 발견할 수 없는 것입니다. 불교의 심오한 가르침은 결국 사람이란 몸과 마음에 의존해서 형성될 뿐이라고 말하고 있습니다.

처음에 그토록 사실처럼 보였던 것이 그런 방식으로 존재하지 않는다는 것을 이해하면 스스로 존재하는 것으로 보였던 사람이 '생각'에 의존하여 존재하는 것으로 보이게 됩니다.

청중을 바라볼 때 이 점을 깊이 생각하면 수만 명의 사람들이 사실은 헛되이 '나', '나', '나', '나'라고 생각하면서 자신을 어려움에 빠뜨리고 있음을 볼 수 있습니다. 이렇게 사람들을 바라보면 잘못된 생각 속에 빠져 있는 모든 존재들에 대해 자애심을 갖게 됩니다.

명상을 통해 위의 네 단계를 점차적으로 닦아 나가면 모든 것을 있는 그대로 보는 능력을 계발할 수 있습니다. 겉모습과 실제 모습 사이의 차이를 알아보고, 사람들과 사물들이 겉으로 보이는 방식대로 존재하지 않는다는 것을 마음속 깊은 곳에서부터 알게 됩니다. 고정된 실체를 지닌 '나'는 존재하지 않음을 확실히 알게 되는 것입니다. 그렇게 자성의 부재를 완전히 이해하면 이제 공空에 몰두할 수 있습니다.

명상해 보기
<15>

깨달음에 이르는 네 단계를 되풀이해서 살펴봅시다.

❶ 마치 스스로 형성된 것 같은 '나'의 모습에 집중합니다.

❷ '나'가 겉으로 보이는 것처럼 존재한다면 몸-마음과 동일하거나 아니면 몸-마음과 별개인 것이어야 함은 분명합니다.

❸ '나'와 몸-마음 결합체가 동일하다고 여기는 것의 문제점들을 철저하게 살펴봅니다.
- '나'와 몸-마음은 완전히 그리고 모든 면에서 하나여야만 합니다.
- 그러한 경우에 '나'라는 것이 따로 있다고 주장하는 것은 무의미할 것입니다.
- '나의 몸'이나 '나의 머리' 혹은 '나의 마음'이란 것을 생각하는 것은 불가능할 것입니다.
- 몸과 마음이 더 이상 존재하지 않으면 '나'도 더 이상 존재하지 않을 것입니다.
- 몸과 마음은 복수이기 때문에 '나'도 복수일 것입니다.
- '나'는 하나이기 때문에 몸과 마음도 하나일 것입니다.
- 몸과 마음이 생겨나고 허물어지듯이 '나'도 본질적으로 생겨나고 본질적으로 허물어진다고 주장해야 할 것입니다. 이 경우에 선한 행위의 좋은 결과도 불선한 행위의 나쁜 결과도 우리에게 열매를 맺지 못하게 되거나 아니면 자기가 하지도 않은 행위의 결과를 받게 될 것입니다.

❹ '나'와 몸-마음 결합체가 본질적으로 다르다고 여기는 것의 문제점들을 철저하게 살펴봅시다.
- '나'와 몸-마음은 완전히 별개여야만 합니다.
- 그렇다면 몸과 마음이 없어지고 나서도 '나'를 찾을 수 있어야 합니다.
- '나'는 생겨나고 유지되고 허물어지는 특징을 지니지 않아야 되는데 이는 터무니없습니다.
- '나'는 터무니없게도 망상의 산물이거나 아니면 영원히 존재하는 것이어야 합니다.
- '나'는 터무니없게도 몸과 마음이 지닌 그 어떤 육체적, 정신적 특징도 지니지 못할 것입니다.

16

'나'라는 존재가
공空함을 확인하기

잘못된 식습관은 나를 망치지만
올바른 식습관은 질병 없이 장수하게 하고
튼튼한 체력과 즐거움을 얻게 해 주는 것처럼
그릇된 이해는 나를 망치지만
올바른 이해는 행복과 최고의 깨달음을 얻게 해 준다.

-나가르주나, 《보행왕정론》

고정된 실체를 지닌 '나'를 찾기 위해 자신에 대한 분석을 하다 보면 결국 '나'를 찾을 수 없다는 경험을 하게 됩니다. 그런데 이것은 자성의 공함을 깨달은 것일까요, 아니면 거친 수준의 어떤 깨달음을 얻은 것에 불과한 것일까요?

여기서 거친 수준의 이해는 한 개인이 '자립적이라는 의미에서 실질적으로 존재하지 않는 것'을 의미하며, 좀 더 미세한 수준의 이해는 한 개인이 '자성을 지니지 않는 것'을 의미합니다. 우리는 거친 수준의 공을 이해했을 뿐인데 미세한 수준의 공을 이해했다고 결론을 잘못 내리기 쉽습니다.

물론 두 가지 깨달음이 다 필요하며 거친 수준을 이해하는 것이 미세한 수준을 이해하는 데 분명 도움이 됩니다. 하지만 이 두 가지를 혼동해서는 안 됩니다. 둘의 차이에 대해서는 앞에서 설명한 이성적 분석을 살펴보십시오. 그러고 나서 '나'라는 것이 독자적으로 형성되었다는 생각이 무너지고 그런 생각이 사라지면 탐구 주제를 '나'에서 나의 몸이나 팔 같은 신체의 일부로 바꿔 보십시오.

나의 몸이나 팔이 독자적으로 형성되었다는 생각이 즉시 사라진다면 이는 '나'의 공함에 대한 이해가 미세한 수준에서 이루어졌다는 표시입니다. 그러나 앞에서 이성적으로 분석했던 것이 나의 몸이나 팔에 즉각적으로 적용되지 않는다면 이는 '나'의 공함에 대한 이해가 아직 거친 수준에 머물러 있음을 의미합니다. 나의 몸이나 팔 같은 것들의 구체적인 존재감이 여전히 남아 있다면 앞서 행한 분석이 철저하지 못했다는 뜻입니다.

그래서 나가르주나는 다음과 같이 말합니다.

몸과 마음이 제대로 이해되지 않으면
'나'에 대한 오해도 여전히 남아 있는 것이다.

_ '나'에 대한 거친 오해와 미세한 오해를 구별하라

'나'에 대한 이해가 다른 현상으로 확장되지 않는 이유는 '고
정된 실체로 존재하는 나가 있다'고 처음 확인한 것이 아마도 너
무 노골적으로 자기 자신이 부풀려졌을 때, 즉 탐욕이나 성냄 혹
은 자기방어 등으로 반응했던 순간에 이루어졌기 때문일 수 있
습니다. 그처럼 거칠게 확인한 것을 기준으로 삼으면 보통 때는
'나'에 대한 생각이 '고정된 실체로 존재하는 나가 있다'는 부풀
려진 생각과 뒤섞여 있지 않은 것처럼 보입니다. 그러나 사실 이
둘은 미세한 수준이기는 해도 뒤섞여 있습니다. '나'에 대한 처음
의 깨달음이 도움이 되기는 해도 보기만큼 확고하지 못한 것은
바로 이러한 이유에서입니다.

이 점에 대해 좀 더 자세히 살펴보고자 하니 인내심을 갖고
잘 따라와 주기 바랍니다. 우선 다음과 같은 질문을 생각해 볼 필
요가 있습니다. 만일 '나'라는 것이 몸도 마음도 아니고, 몸과 마
음의 결합체도 아니며, 이들과 다른 어떤 것도 아니라면, '나'라
고 할 때 우리가 보는 것은 무엇일까요?

경전에서는 우리가 보고 있는 것이 '의존해서 형성된 나'라
고 말합니다. 우리는 불교에서 '단지 나'라고 부르는 것을 보고
있습니다. 그런데 '나'라는 것이 본질적으로 존재한다는 생각이
일어나기 바로 직전에 몸과 마음이 본질적으로 존재한다는 생각
이 일어나기 때문에 '나'를 볼 때 몸과 마음을 보는 것처럼 보일

수 있지만 사실은 '나' 자체를 보는 것입니다.

　중요한 사실은 지금 우리 마음에 보이는 것이 무엇이든 간에 그것의 모습은 자신의 상태를 부풀린 생각과 뒤섞여 있다는 것입니다. '나'를 포함해서 모든 외적인 혹은 내적인 대상의 모습은 그것이 독자적으로 존재한다는 생각과 뒤섞여 있습니다. 이러한 이유로 인해 우리의 의식은 보이는 것들에 대해 착각을 합니다. 파란 대상을 파랑으로 보거나 문을 문으로 보는 경우에는 옳지만 그 대상이 고정된 실체를 지닌 것으로 본다는 점에서는 잘못되어 있는 것입니다.

　명상을 할 때 다른 것의 고정된 실체를 부인하려고 하면서 자신의 모습은 보이는 그대로 받아들인다면 자기가 부인하고자 하는 고정된 실체의 아주 중요한 예를 간과하는 것입니다. 그렇습니다. 나는 존재합니다. 그러나 이 '나'는 나의 마음에 보이는 방식대로 존재하지 않습니다. 바로 이것이 17세기의 제1대 판첸라마가 강조했듯이 일반적으로 맨 처음 나타나는 '나'에 고정된 실체가 없음을 알아야 하는 이유입니다.

　'나'는 고정된 실체로 존재하지 않습니다. 이 사실을 알고 나면 근원적 오해가 해결됩니다. '나'를 고정된 실체로서 존재하는 것으로 내버려 두고 분석을 계속한다면 문제의 근원에 절대 이르지 못할 것입니다. 왜냐하면 '단지 나(본질적으로 존재하지 않는 나)'와 '본질적으로 존재하는 나'는 현재 함께 섞여 있기 때문입니다.

지금 내가 주목하고 있는 '나'가 보이는 대로 그렇게 존재하지 않는다는 점을 알아야 합니다. 이 '나'를 실제로 여기면서 단지 그것이 '궁극적으로' 존재하지 않는다는 것만을 입증하려 한다면 공의 본질을 제대로 이해할 수 없을 것입니다.

＿ 계속 읽고 계속 생각하고 계속 명상하라

이렇게 깊은 수준까지 나아가야 하기 때문에 '나'가 어떻게 보이는지를 점점 더 세밀하게 이해하는 한편 그렇게 나타난 '나'의 모습이 과연 분석을 버텨낼 수 있는지를 논리적 추론을 통해 계속 확인해야만 합니다.

이런 과정을 거치면 '나'에 대한 부풀려진 모습이 무엇인지, 그리고 그 기반이 얼마나 취약한지에 대한 이해가 점점 깊어지게 됩니다. 나아가 '그냥 존재하는 것'과 '본질적으로 존재하는 것'의 차이를 경험을 통해 구별하게 될 것입니다. 경전에서는 사람과 사물이 본질적으로 존재한다는 극단적인 생각과 사람과 사물이 아예 존재하지 않는다는 극단적인 생각을 모두 피하라고 합니다. 사람과 사물은 모두 분명히 존재합니다. 문제는 그들이 어떻게 존재하느냐 입니다.

사람과 사물이 고정된 실체를 지닌 존재로는 발견되지 않지만 현상적으로는 존재한다는 점을 이해하면 사람과 사물이 '생각'의 힘으로 존재한다는 말이 무슨 의미인지 짐작이 갈 것입니다. 그렇게 되면 사람들과 사물들이 내 마음에 어떻게 비추어지는지를 좀 더 깊이 살펴보게 되고, 이전에는 그 대상에게 본래 있는 것으로 생각했던 그들의 좋은 점과 싫은 점에 대한 확신이 약해질 것입니다. 우리가 대상의 모습을 어떻게 받아들이는지 그리고 그것들을 어떻게 꽉 붙잡고 놓지 않는지를 알아채게 됩니다.

이런 식으로 하려면 명상은 긴 여정이 될 것입니다. 하지만 날이 가고 달이 가고 해가 갈수록 명상은 점점 더 심오해집니다. 그러므로 계속 읽고 계속 생각하고 계속 명상해야 합니다.

명상해 보기
<16>

❶ 이 책의 '15 결론에 이르기'에서 설명한 네 단계의 분석을 해 봅니다.

❷ '나'라는 것이 본질적으로 존재한다는 생각이 사라지고 나면 나의
몸 가운데 한 대상을 정해 생각해 봅니다. 여기서는 나의 팔에 대해
생각해 봅니다.

❸ 나의 팔이 본질적으로 존재한다는 생각이 앞의 이성적 추론으로 인해
즉시 사라지는지 살펴봅니다.

❹ 앞의 분석이 팔에 즉각적으로 적용되지 않는다면 아직 이해하지
못했거나 거친 수준의 이해에 머물러 있는 것입니다.

_ 있는 그대로의 내 모습에 가까워지다

몸이나 마음에 대해 생각할 때 더 이상 그들을 실제 존재하는 것으로 받아들이지 않게 되었다면 구체적이고 확고한 '나'의 존재가 없음을 깊이 받아들였다는 신호입니다. 고정된 실체가 없다는 것을 분석을 통해 깊이 받아들였기 때문에 이제 더 이상 그것들의 부풀려진 모습을 신뢰하지 않는 것입니다. 겉으로 보이는 것에 대한 확신이 줄어들면 그것은 명상이 성공적으로 이루어지고 있다는 표시입니다. 이렇게 명상을 계속함으로써 있는 그대로의 자신의 모습에 점점 더 가까이 다가가게 됩니다.

공을 깨닫는 것은 어렵지만 끊임없이 분석하고 또 분석하면서 노력하면 분명히 깨달을 수 있습니다. 찾으려고 하지만 찾을 수 없는 것, 즉 그렇게 확고한 것으로 생각했던 자성을 찾지 못하는 것이 무슨 의미인지를 알게 됩니다. 처음에는 그 같은 통찰이 약하지만 이러한 과정을 계속해 나가다 보면 통찰은 점점 더 분명하고 깊어집니다.

공의 의미를 일차적으로 이해하면 무지가 무엇인지를 더 분명히 알게 되며 그로 인해 공을 더 잘 이해하게 됩니다. 또한 공을 잘 알게 되면 무지를 잘 이해하게 되고 무엇이 없다고 하는 것인지를 더 잘 알게 됩니다. 이와 같이 이해하면 추론을 거듭할수록 이해는 늘고 부풀려진 것에 대한 오해는 사라집니다.

17

'나의 실체'가 없으니
'나의 소유'도 없다

자신에 대한 잘못된 인식을 알게 되었으니
이를 모든 현상에 적용하라.

-붓다

'고정된 실체를 지닌 나'가 존재하지 않는다는 것을 일단 이해하면 '본래 나의 것'이라는 생각이 잘못되었음을 깨닫기는 비교적 쉽습니다. 몸과 마음은 '나'라는 것이 이용하는 대상입니다. '나'는 몸과 마음의 소유자입니다. 우리는 "나의 몸이 조금 지쳤다"거나 "나의 몸은 튼튼하다"고 말합니다. 이는 맞는 말입니다. 팔이 아플 때 팔을 보면서 '이것은 나다'라고 생각하지는 않지만 '나는 아프다. 나는 건강이 좋지 않다'라고 분명히 생각합니다. 그럼에도 불구하고 '나'와 몸이 다른 것이라는 점은 분명합니다. 몸은 '나'에 속합니다.

마음의 경우에도 마찬가지입니다. 우리는 "내 기억력이 안 좋아. 뭔가 잘못 되었어"라고 '나의 마음'에 대해 말할 수 있습니다. 나는 내 마음의 트레이너이며, 마음은 마치 말을 안 듣는 학생처럼 내가 원하는 대로 하도록 훈련을 받습니다.

이런 식으로 몸과 마음은 '나'에 속하고 '나'는 그들을 소유하는 것처럼 보입니다. 하지만 각자가 자신의 기능을 수행한다는 점은 부인할 수 없어도 몸과 마음을 소유하며 이들과는 별개인 '나'는 여전히 없습니다. 우리의 눈과 귀 등은 우리가 당연히 '나의 것'이라고 여기는 것들이지만 그것들은 우리 마음에 비춰지는 것처럼 본래 존재하는 나에게 속해 있는 것이 아닙니다.

나가르주나는《보행왕정론》에서 다음과 같이 말합니다.

모든 존재에게 유익한 말씀만 하시는
부처님께서 말씀하시길
모든 존재들은 '나'라는 잘못된 생각에서 비롯되었으며
'나의 것'이라는 잘못된 생각에 휩싸여 있다.

'나'가 본질적으로 존재하지 않는다는 것을 깨닫게 되면 '나의 것'도 본질적으로 존재할 수 없음을 알게 됩니다.

명상해 보기
<17>

❶ 몸이나 마음 같은 내적인 현상들은 나에게 속하며, 그러므로 '나의 것'입니다.

❷ 옷이나 차 같은 외적인 소유물들도 '나의 것'입니다.

❸ 만일 '나'가 본질적으로 존재하지 않는다면 '나의 것'도 본질적으로 존재할 수 없습니다.

18

삼매와 통찰 지혜의
균형 잡기

삼매만 닦아서는
자성이 있다는 생각을 없애지 못한다.
해로운 마음은 다시 또 생겨나
온갖 번뇌를 불러일으킬 수 있다.

-붓다

삼매(三昧, 마음을 하나의 대상에 집중하는 힘)는 해로운 감정과 마음을 억제할 수는 있지만 그것들을 완전히 없애지는 못합니다. 하지만 통찰 지혜는 해로운 마음과 그것으로 인한 혼란까지 완전히 없앨 수 있기 때문에 반드시 필요합니다. 그러므로 이제는 삼매와 통찰 지혜를 기르기 위한 집중 명상과 분석 명상을 함께 해야만 합니다.

삼매를 닦아 명료함과 안정을 얻으면, 고정된 실체가 없다는 것에 대한 강한 통찰 지혜를 발휘할 수 있게 됩니다. 해로운 마음을 일으키게 하는 모든 현상들이 공空하다는 것을 직접적으로 인식하면 문제들을 근원적으로 해결할 수 있습니다.

삼매와 통찰 지혜를 결합하려면 집중 명상과 분석 명상을 번갈아 수행하면서 그 둘 사이에 조화를 이루어야 합니다. 분석을 너무 많이 하면 들뜸을 조장하여 마음이 불안해질 것이며 반대로 지나친 집중은 혼침을 조장하여 분석을 하고 싶지 않게 만들 것입니다.

티베트의 현자 총카파는 다음과 같이 말합니다.

분석 명상만 하면 앞서 형성된 삼매가 약해질 것이다.
그러므로 삼매의 말에 올라탔으면
분석 명상을 계속하되 주기적으로
집중 명상과 분석 명상을 번갈아 가며 해야 한다.

_ 삼매와 통찰 지혜의 결합

이전에는 삼매와 통찰 지혜가 저울의 양쪽 끝과 같아서 한쪽이 분명해지면 다른 한쪽이 조금 흐릿해졌습니다. 그러나 이제 집중 명상과 분석 명상을 능숙하게 병행함에 따라 통찰 지혜 자체의 힘이 이전에 집중 명상을 통해 삼매를 얻었을 때보다 몸과 마음의 더 큰 유연함을 가져옵니다. 이와 같이 삼매와 통찰 지혜가 균등한 힘으로 행해지면 이를 삼매와 통찰 지혜의 결합이라고 부릅니다. 이것을 듣거나 읽거나 공부하거나 생각함으로써 생겨난 보통의 지혜와 대비하여 명상을 통해 생겨난 지혜라고 부르기도 합니다.

이전에 공에 대해 책을 읽거나 생각할 때는 나의 의식이 지적 탐구 대상으로서의 공에 초점이 맞추어져 있었고 마음과 공은 서로 별개의 것이었습니다. 그러나 바른 명상을 통해 이제는 주체와 객체가 서로 구분되는 느낌 없이 공을 꿰뚫는 경험을 했습니다. 통찰 지혜와 공이 물에 물을 섞은 듯한 상태를 향해 가고 있는 것입니다.

아직 남아 있던 주체와 객체의 미세한 구분은 점차 사라지고 주체와 객체는 무개념성 속에서 완전히 합쳐집니다.

부처님께서는 다음과 같이 말씀하셨습니다.

정확한 분석을 통해
실제를 있는 그대로 아는 불길이 생겨나면
개념이란 나무는
마치 나뭇가지를 비벼 불을 피우듯이 타 버린다.

명상해 보기

<18>

초보자의 경우에는 정신적 발전을 위한 이 같은 명상법을 배우는 것이
큰 도움이 됩니다. 삼매와 통찰 지혜가 결합되는 과정을 맛보는 동시에
현재 하고 있는 명상을 좀 더 강화하기 위해서 당분간 약간의 집중 명상과
약간의 분석 명상을 번갈아 시행해도 좋습니다.

❶ 먼저 마음을 부처님의 이미지나 자신의 호흡 같은 대상에 집중합니다.

❷ '나'의 본질에 대한 네 단계의 명상에서 설명했던 분석 명상을 합니다.
나와 몸-마음이 동일하거나 다르다고 주장하는 것이 논리적으로
불가능하다는 점에 대해 생각합니다.

'나'와 몸-마음이 동일한 경우를 생각해 봅니다.

- '나'와 몸-마음은 완전히 그리고 모든 면에서 하나여야만 합니다.
- 그러한 경우에 '나'라는 것이 따로 있다고 주장하는 것은 무의미할
  것입니다.
- '나의 몸'이나 '나의 머리' 혹은 '나의 마음'이라는 것을 생각하는 것은
  불가능합니다.
- 몸과 마음이 더 이상 존재하지 않으면 '나'도 더 이상 존재하지 않을
  것입니다.
- 몸과 마음은 복수이기 때문에 '나'도 복수일 것입니다.
- '나'는 하나이기 때문에 몸과 마음도 하나일 것입니다.

- 몸과 마음이 생겨나고 허물어지듯이 '나'도 본질적으로 생겨나고 본질적으로 허물어진다고 주장해야 할 것입니다. 이 경우에 선한 행위의 좋은 결과도 불선한 행위의 나쁜 결과도 우리에게 열매를 맺지 못하게 되거나 아니면 자기가 하지도 않은 행위의 결과를 받게 됩니다.

'나'와 몸-마음이 별개인 경우를 생각해 봅니다.
- '나'와 몸-마음은 완전히 별개여야만 합니다.
- 그렇다면 몸과 마음이 없어지고 나서도 '나'를 찾을 수 있어야 합니다.
- '나'는 생겨나고 유지되고 허물어지는 특징을 지니지 않아야 되는데 이는 터무니없습니다.
- '나'는 터무니없게도 망상의 산물이거나 아니면 영원히 존재하는 것이어야 합니다.
- '나'는 터무니없게도 몸과 마음이 지닌 그 어떤 육체적 정신적 특징도 지니지 못할 것입니다.

❸ 약간의 통찰 지혜가 계발되면 집중 명상 속에서 통찰 지혜와 함께 머물면서 그것의 효과를 음미해 봅니다.

❹ 느낌이 조금 사라지면 분석 명상으로 돌아가 느낌을 원상태로 회복시키고 좀 더 큰 통찰 지혜를 계발합니다.

하나의 주제에 집중하는 명상과 그것에 대해 분석하는 명상을 번갈아 하면 점점 더 심오한 경험을 하게 됩니다.

5장.
사람과 사물이 실제로
존재하는 방식 알기

우리의 감각이나 마음에 무엇이 나타나든지 간에
그 대상들이 생각에 의지하여 일어난 것임을 이해한다면
모든 현상이 본질적으로 존재한다는 생각에서 벗어날 수 있을 것입니다.
모든 현상이 본질적으로 존재한다고 여김으로써 생겨나는 온갖
문제들로부터 벗어나 있으며, 망상을 없애 주는 치료제인 '공空'이 무엇인지,
즉 고정된 실체가 없다는 것이 무엇인지를 깨닫게 될 것입니다.

19

자신을 환상처럼 보기

마술사의 환상, 꿈,
그리고 물에 비친 달처럼
모든 존재와 현상에는 고정된 실체가 없다.
이 모든 것들은 비록 확고하게 존재하지 않지만
마치 물에서 나오는 물거품처럼 우리에게 드러나 보인다.

-궁 탕

우리는 '나', 그리고 다른 현상들의 본질을 살펴보고 난 지금 그들이 고정된 실체로 존재하는 것처럼 보이지만 사실은 그렇지 않음을 잘 알게 되었습니다. 그것은 마술사가 만들어 낸 환상이 겉으로 보이는 모습대로 존재하지 않는 것과 마찬가지입니다.

나가르주나는《보행왕정론》에서 다음과 같이 말합니다.

멀리 떨어져 있는 것은
그것에 가까이 있는 사람들에게는 분명하게 보인다.
만일 신기루가 진짜 물이라면
가까이 있는 사람들에게 왜 그 물이 보이지 않는가?

멀리 떨어져 있는 사람들에게
이 세상은 실제로 존재하는 것처럼 보이지만
가까이 있는 사람들에게는 그렇게 보이지 않는다.
그들에게는 그것이 신기루처럼
실제로 존재하는 것이 아니기 때문이다.

거울에 비친 얼굴의 이미지는 얼굴처럼 보이지만 어쨌든 실제 얼굴이 아닙니다. 그것은 모든 면에서 얼굴이 아닙니다. 마술사는 사람이 상자 속에서 칼에 찔리는 환영을 보여줄 수 있지만 그런 환영들은 결코 실제가 아닙니다. 그와 마찬가지로 모든 현상들은 고정된 실체로서 존재하는 것처럼 보이지만 그렇지 않습니다.

그것은 모든 현상이 '환상'이기 때문은 아닙니다. 그보다는 그들이 '환상처럼' 존재한다고 말해야 할 것입니다. 거울에 비친 얼굴이 정말 자신의 얼굴은 아니지만 거울에 비친 상이 아예 존재하지 않는 것은 아닙니다. 그 모습을 통해서 우리는 실제 내 얼굴 모습이 어떠한지를 알 수 있습니다.

그와 마찬가지로 사람과 사물은 고정된 실체로서 존재하지는 않지만 그렇다고 그들이 아예 존재하지 않는 것은 아닙니다. 그들은 실제로 행동할 수도 있고 경험될 수도 있기 때문입니다. 그러므로 환영과도 같다는 것은 토끼의 뿔처럼 실제로 존재하지 않는 것과는 다릅니다.

명상해 보기
<19>

❶ 거울에 비친 사람을 실제 사람이라고 착각했던 때를 기억해 보십시오.

❷ 그것은 사람처럼 보였지만 사실은 그렇지 않았습니다.

❸ 마찬가지로 모든 사람들과 사물들은 원인과 조건에 , 그들의 부분에, 생각에 의지하지 않고 독자적으로 존재하는 것처럼 보이지만 사실은 그렇지 않습니다.

❹ 이와 같이 사람과 사물은 환상처럼 존재합니다.

_ 겉모습과 실제의 차이를 구별하기

나는 어떤 것의 겉모습과 실제 모습 간의 차이를 설명할 때 종종 환영이나 거울, 물에 비친 그림자나 신기루 같은 예를 듭니다. 거울에 비친 얼굴 모습이 실제 얼굴이 아님을 안다고 해서 그것이 곧 거울에 비친 모습에 고정된 실체가 없음을 깨닫는 것은 아닙니다. 왜냐하면 사람들은 여전히 거울에 비친 모습을 본래 존재하는 것으로 오해하기 때문입니다.

거울에 비친 얼굴 모습이 실제 얼굴이 아님을 아는 것이 곧 공空을 진정으로 깨닫는 것이라면 자신의 몸, 자신의 팔, 자신의 집 같은 다른 대상을 생각했을 때도 즉각 그것에 고정된 실체가 없음을 깨달을 수 있어야 합니다. 그러나 이는 쉽지 않습니다.

다시 말하자면, 일체 존재와 현상들은 '환상'이 아니라 '환상 같은 것'입니다. 나, 그리고 모든 현상들을 환상 같은 것으로 보려면 두 가지가 필요합니다. 하나는 본질적으로 존재하는 것처럼 보이는 대상의 거짓된 모습을 아는 것이고, 다른 하나는 모든 존재와 현상이 본질적으로 존재하는 게 아니라는 점을 이해하는 것입니다.

명상을 통해서 모든 현상이 본질적으로 존재하는 성질을 찾아보지만 그런 성질을 찾지 못하는 경험을 하게 되면 현상들이 본질적으로 존재하는 것처럼 보여도 실제로는 본질적으로 존재하지 않는다는 점에서 환상과도 같다는 것을 알게 됩니다.

부처님께서는 다음과 같이 말씀하셨습니다.

일체는 거짓되고 현혹하는 성질을 지니고 있다.

사물의 겉으로 보이는 모습과 실제 모습 간에는 많은 차이가 있습니다. 영원하지 않은 것이 영원한 것처럼 보일 수 있습니다. 괴로움에 이르는 길이 행복에 이르는 길처럼 보일 수도 있습니다. 예를 들어 맛있는 음식을 과하게 먹는 것은 즐거움의 원인처럼 보이지만 결국은 괴로움의 원인이 됩니다. 우리는 행복을 원하지만 무지 때문에 어떻게 해야 진정으로 행복한지를 모릅니다. 괴로움을 가져오는 것이 무엇인지 제대로 알지 못하기 때문에 괴로움을 원하지 않으면서도 괴로움을 불러일으키는 것들을 추구합니다.

마술 쇼를 보는 사람들은 마술사의 속임수에 넘어갑니다. 그러한 속임수로 인해서 자기가 말이나 코끼리 등을 보고 있다고 착각합니다. 그와 마찬가지로 우리는 본질적으로 존재하는 것처럼 보이는 겉모습에 현혹되어 어떤 현상의 좋거나 싫은 상태를 부풀리고, 그로 인해 탐욕과 성냄이라는 해로운 마음을 일으켜 업을 쌓게 됩니다. 본질적으로 존재하는 '나'가 아닌 것이 본질적으로 존재하는 '나'로 보이고 그 모습을 당연하게 받아들입니다.

_ 환상처럼 보는 것의 이로움들

사람들과 사물들을 환상처럼 존재하는 것으로 보면 해로운 마음을 줄이는 데 큰 도움이 됩니다. 왜냐하면 탐욕이나 성냄 같은 해로운 마음은 우리가 어떤 현상에 대해 그것의 실제 모습 이상으로 좋거나 싫은 성질들을 덧붙이는 데에서 일어나기 때문입니다. 예를 들어 누군가에게 화를 낼 때 우리는 그 사람이 나쁘다는 생각을 강하게 합니다. 하지만 나중에 진정이 되고 나서 그 사람을 다시 보면 전에 내가 했던 생각이 아주 많이 잘못되었다는 것을 알게 됩니다.

통찰 지혜의 이익은 어떤 대상에 대해 실제 이상으로 좋은 점이나 싫은 점을 덧붙이지 않게 해 준다는 것입니다. 대상의 좋거나 싫은 점을 부풀리지 않으면 탐욕과 성냄을 없앨 수 있고 탐욕이나 성냄 같은 해로운 마음을 없애면 선한 마음과 선한 행동이 자라날 여지가 커지게 됩니다. 통찰 지혜로 현상을 봄으로써 그러한 현상들을 공을 실천하는 영역 안으로 끌어들이게 됩니다.

자애와 연민을 실천하는 연습을 할 때도 자애와 연민 그 자체나 자애와 연민의 대상이 되는 사람들이 본질적으로 존재하는 것처럼 보입니다. 하지만 그들은 본질적으로 존재하지 않으며 그 점에서 마술사의 환상과도 같다는 점을 잊지 말아야 합니다. 만일 그들을 본질적으로 존재하는 것으로 여긴다면 자애와 연민을 충분히 계발할 수 없습니다.

그들을 환상과도 같은 것으로 보아야 합니다. 겉으로 보이는 그들의 모습과 실제 존재는 다르다는 것을 알아야 합니다. 이러한 관점을 갖게 되면 공에 대한 통찰 지혜와 함께 자애와 연민이라는 선한 마음을 키워 나갈 수 있으며, 이 같은 이해를 바탕으로 효과적으로 자비로운 행동을 이어갈 수 있습니다.

명상해 보기
<19-1>

❶ 앞에서 했던 것과 마찬가지로 고정된 실체를 지닌 '나'를 마음속에 떠올립니다. 고정된 실체로 존재하는 나가 분명히 있다고 믿었던 순간을 기억하거나 상상하면서 떠올리면 됩니다.

❷ 무지로 인해서 '나'에게 고정된 실체가 있다고 생각하는 것을 확인합니다.

❸ 고정된 실체가 있다면 '나'와 몸-마음 결합체는 동일하거나 아니면 별개여야 한다는 점에 대해 특히 집중적으로 명상합니다.

❹ '나'와 몸-마음이 동일하거나 아니면 별개라고 주장하는 것이 불가능함을 보고 느끼면서 그런 주장이 얼마나 터무니없는지에 대해 집중적으로 명상합니다.

'나'와 몸-마음이 동일한 경우를 생각해 봅니다.

- '나'와 몸-마음은 완전히 그리고 모든 면에서 하나여야 합니다.
- 그러한 경우에 '나'라는 것이 따로 있다고 주장하는 것은 무의미할 것입니다.
- '나의 몸'이나 '나의 머리' 혹은 '나의 마음'이라는 것을 생각하는 것은 불가능합니다.
- 몸과 마음이 더 이상 존재하지 않으면 '나'도 더 이상 존재하지 않을 것입니다.
- 몸과 마음은 복수이기 때문에 '나'도 복수일 것입니다.
- '나'는 하나이기 때문에 몸과 마음도 하나일 것입니다.

- 몸과 마음이 생겨나고 허물어지듯이 '나'도 본질적으로 생겨나고 본질적으로 허물어진다고 주장해야 할 것입니다. 이 경우에 선한 행위의 좋은 결과도 불선한 행위의 나쁜 결과도 우리에게 열매를 맺지 못하게 되거나 아니면 자기가 하지도 않은 행위의 결과를 받게 됩니다.

'나'와 몸-마음이 별개인 경우를 생각해 봅니다.

- '나'와 몸-마음은 완전히 별개여야만 합니다.
- 그렇다면 몸과 마음이 없어지고 나서도 '나'를 찾을 수 있어야 합니다.
- '나'는 생겨나고 유지되고 허물어지는 특징을 지니지 않아야 되는데 이는 터무니없습니다.
- '나'는 터무니없게도 망상의 산물에 불과한 것이거나 아니면 영원히 존재하는 것이어야 합니다.
- '나'는 터무니없게도 몸과 마음이 지닌 그 어떤 육체적 정신적 특징도 지니지 못할 것입니다.

❺ 그런 '나'를 발견하지 못하면 '나도, 그 어느 누구도 고정된 실체, 즉 자성을 지니지 않는다'라고 확실하게 결론을 내립니다.

❻ 잠시 동안 자성의 공^空함에 대해 집중하면서 공의 의미를 깊이 생각합니다.

❼ 그리고 나서 다시 한 번 사람들의 모습을 마음속에 떠올립니다.

❽ 사람들은 연기적 맥락에서 행동을 하고, 업을 쌓고, 그러한 행위의 과보를 받는다는 사실에 대해 깊이 생각합니다.

❾ 자성은 공하지만 사람들은 현상적으로 존재한다는 점을 확인합니다.

❿ 현상으로 드러난 것과 공이 모순되는 것처럼 보이면 거울에 비친 이미지의 예를 생각합니다.

- 거울에 비친 얼굴의 이미지는 그것이 갖고 있는 것처럼 보이는 눈이나 귀 등을 실제로 갖고 있지 않습니다. 얼굴의 이미지는 얼굴과 거울에 의존해서 생겨나며 얼굴이나 거울이 없으면 그 이미지도 사라집니다.

- 이와 비슷하게, 사람은 자성을 지니고 있지 않지만 그럼에도 불구하고 행위를 하고 업을 쌓고 그 과보를 받고 업과 해로운 마음에 의존하여 다시 태어납니다. 이 두 가지 점은 서로 모순이 아닙니다.

⓫ 모든 사람과 사물에 있어서 현상으로 드러난 것과 공 사이에 아무런 모순이 없음을 보고자 노력합니다.

20
모든 것이 생각에
의존한다는 것을 알기

마음을 즐겁게 해 주는 온갖 활짝 핀 꽃들과
멋지게 빛나는 훌륭한 황금빛 집들조차
이들을 만든 본래 존재하는 것은 없다.
그들은 생각의 힘으로 생겨난다.
생각의 힘을 통해서 세상은 생겨난다.

-붓다

생각에 의존한다는 것이 무슨 의미인지 이해하려면 먼저 사람들과 사물들이 어떤 식으로 보이는지를 자신에게 물어야 합니다. 우리가 미세한 수준에서 감정의 영향을 받을 때는 그것에 얼마나 집착하고 있는지를 알기 어렵습니다. 그러므로 심한 탐욕이나 성냄을 느꼈던 때를 생각해 보는 게 효과적입니다.

탐욕이나 성냄의 대상이었던 사람이나 물건이 지극히 실제적인 것으로 보였고 심지어 변하지 않고 영원히 존재하는 것으로 보이지 않았습니까?

자세히 살펴보면 '나는 현상들이 생각에 의지한다는 것을 이미 알고 있다'고 도저히 주장할 수 없을 것입니다. 모든 현상은 스스로 존재하는 것처럼 보이기 때문입니다.

나는 서른다섯 살쯤 되었을 무렵, 어떻게 '나'가 몸-마음 결합체 안에서도 혹은 별개로도 발견되지 않는지, 그리고 '나'는 어떻게 생각에 의존하여 존재하는지에 대한 총카파의 말씀을 깊이 숙고하고 있었습니다.

그 말씀은 다음과 같습니다.

돌돌 말린 새끼줄의 얼룩덜룩한 색깔과 꼬여 있는 형태는 뱀의 모습과 비슷하다. 그래서 새끼줄을 어둑한 장소에서 보게 되면 '뱀이구나'라는 생각이 떠오른다. 새끼줄이 뱀으로 보인 그 순간 새끼줄의 각 부분들이나 그 부분들의 집합은 결코 뱀이 아니다. 그러므로 뱀이라는 것은 단지 생각에 의해 만들어진 것이다.

마찬가지로 '나'라는 생각이 몸과 마음에 의존해서 떠올랐을 때 몸과 마음 안에 있는 그 어느 것도-이전 순간과 나중 순간의 연속체인 어떤 집합도, 어떤 한 순간의 부분들의 집합도, 별개의 부분들도, 별개의 부분들 가운데 어떤 것의 연속체도-조금도 '나'가 아니다. 또한 몸과 마음과 별개의 실체라고 할 그 어떤 '나'도 없다. 결국, '나'는 단지 몸과 마음에 의존해서 생각으로 형성된 것일 따름이다.

그때 갑자기 번개가 가슴속을 후려치는 듯했습니다. 너무나 충격적이어서 그 다음 몇 주 동안 모든 사람들이 마치 마술사의 환상처럼 보였습니다. 그들이 스스로 존재하는 것처럼 보이지만 실제로는 그렇지 않음을 알았다는 점에서 말입니다. 그때부터 '나', 그리고 모든 현상들이 겉으로 보이는 방식을 인정하지 않으면 해로운 마음이 일어나는 것을 멈출 수 있다는 것을 이해하게 되었습니다.

나는 매일 아침 공空에 대해 명상하면서 그때의 경험을 일상생활에 적용하려고 노력합니다. 그러나 아직은 공을 완전히 이해했다고 말할 수 없습니다.

생각으로 형성된다는 것의 의미

처음에는 예쁜 꽃들이나 멋진 집이 의식의 맞은편에 독자적으로 존재하는 것처럼 보입니다. 하지만 결국에 가서는 그러한 존재를 확인할 수가 없습니다. 더 정확히 말하자면 그들은 인식을 통해 생겨납니다. 아무리 찾으려고 해도 그들은 독자적으로 존재하는 것으로 발견되지 않습니다. 보기에는 분명히 존재하고 있는 것 같은데도 불구하고 말입니다.

모든 현상은 의식에 의존해서 존재합니다. 그들은 결코 그 자체의 힘으로, 어디에 의존하지 않고 존재했던 적이 없었고, 지금도 그렇게 존재하지 않고, 앞으로도 그렇게 존재하지 않을 것입니다. 그들은 마음의 힘을 통해, 관습적으로 존재합니다.

이 장의 서두에서 인용한 구절에 보면 부처님께서는 온 세상이 개념적 사고에 의존한다고 말씀하십니다. 그와 비슷한 맥락에서 아랴데바는 《사백론四百論》에서 다음과 같이 말합니다.

탐욕 등은 개념에 의하지 않고는 존재하지 않으니
지혜로운 사람이라면 누가
탐욕 등이 개념이면서
동시에 실제 존재하는 것이라고 생각하겠는가?

이 구절에 대한 찬드라키르티의 말은 현상이 단지 개념적 사고 속에서만 존재함을 나타내고 있습니다.

개념에 의해서 존재하는 것은
스스로의 성질에 의해 성립된 것이 아니다.
이는 마치 똬리 모양의 새끼줄을 보고
뱀을 상상하는 것과 같다.

스스로 존재한다는 것의 의미

개념적 사고가 얼마나 중요한지를 강조하는 인도와 티베트의 위대한 현자들의 말씀을 우리는 어떻게 이해해야 할까요? 만일 각각의 대상이 우리 시야에 들어오기 바로 전에 순간적으로 그것들을 만들어 내는 생각이 있어야만 한다면 그것은 매우 성가신 일일 것입니다. 생각이 아무리 빨리 작용한다고 해도 한 순간의 시각적 인식에 필요한 모든 생각들을 미리 할 수는 없습니다.

외적인 대상들은 그것들을 인식하는 과정의 한 부분입니다. 하지만 생각에 의존한다는 것이 우리가 보는 모든 것을 구성하기 위해 개념적 사고가 필요하다는 뜻은 아닐 것입니다. 결국 세상이 생각에 의해 형성된다는 말의 의미는 대상들이 인식에 의존하지 않고 그들 스스로의 힘으로 자신의 존재를 형성할 수는 없다는 뜻입니다. 이러한 관점에서 세상, 즉 사람들과 사물들을 비롯한 모든 현상들이 생각에 의해 형성된다고 하는 것입니다.

예를 들면, 결과는 원인에 달려 있지만 엄밀히 말하면 원인도 결과에 의존합니다. 모든 원인 그 자체도 그보다 앞선 그것의 원인에 대한 결과이므로 각자의 원인에 의존하여 일어납니다.

불교의 모든 가르침에서 결과는 원인에 의존하여 일어난다고 말합니다. 여기에서 원인과 결과는 시간적 연속선상에 있는 것으로 결과는 그것의 원인 다음에 일어납니다. 이것이 모든 것은 '원인과 조건에 의존하여 생긴다'는 의미에서의 연기입니다.

불교 내에서도 가장 철학적인 견해를 지닌 종파에서는 이보다 한발 더 나아가서, 어떤 것을 원인이라고 부르는 것은 그것의 결과를 이미 염두에 둔 것이며 이런 의미에서 원인도 그것의 결과에 의존한다고 합니다. 어떤 것이 그것 스스로 원인일 수는 없으며 원인은 그것의 결과와 관련하여 원인으로 이름 지어집니다. 여기서 결과는 원인에 앞서 일어나지 않으며 원인은 결과 뒤에 일어나지 않습니다. 우리가 어떤 것을 원인이라고 부르는 것은 그것이 후에 가져올 결과를 염두에 두고서입니다.

　　그 자체의 힘으로 스스로 성립되는 것은 아무 것도 없으며, 모든 것은 이름을 받음으로써, 즉 대상을 인식하고 이름을 붙이는 생각에 의존하여 성립합니다. 이것이 모든 것은 '이름을 붙여줌으로써 생겨난다'는 의미에서의 연기입니다.

　　나가르주나는 《중론》에서 다음과 같이 말합니다.

행위자는 행위에 의존하고
행위는 행위자에 의존하여 존재한다.
연기를 제외하고는
그들의 형성에 대한 다른 설명을 할 수 없다.

　　행위자와 행위는 서로에게 의존합니다. 행위는 행위자에 의존하여 사실인 것으로 가정되고 행위자는 행위에 의존하여 사실인 것으로 가정됩니다. 행위는 행위자에 의존하여 일어나고, 행위자는 행위에 의존하여 일어납니다. 그럼에도 불구하고 그들은 원인과 결과 같은 방식으로 연관되어 있는 것은 아닙니다. 왜냐하면 행위와 행위자는 하나가 다른 하나에 앞서 생겨나는 것이 아니기 때문입니다.

그렇다면 사물은 왜 상대적일까요? 왜 원인이 결과에 대해 상대적일까요? 그것은 원인이 스스로 형성되지 않기 때문입니다. 만일 원인이 스스로 형성되는 것이라면 원인은 그 결과에 의존할 필요가 없을 것입니다. 하지만 스스로 존재하는 원인은 없습니다.

그렇기 때문에 비록 우리의 일상적인 마음에는 모든 것이 스스로 존재하는 것처럼 보이지만 어떤 원인을 분석해 보면 막상 스스로 존재하는 그 어떤 원인도 발견할 수 없습니다. 모든 것은 자신 이외의 어떤 것에 영향을 받기 때문에 어떤 것을 원인이라고 부를 때는 반드시 그 결과를 염두에 두는 것입니다. 이러한 방법을 통해서 연기는 모든 것은 '이름을 붙여 줌으로써 생겨난다'는 뜻임을 알게 됩니다.

최근에 나는 나가르주나가 생의 마지막 시기에 살았던 쉬리파르바타 산을 순례한 후 인도 남부에 머문 적이 있습니다. 그때 칼라차크라(영원한 시간의 수레바퀴)라고 불리는 불교 전통 축제에서 대규모 청중에게 법문을 했습니다. 법문에서 나는 나가르주나의 《중론》과 함께 총카파의 《연기에 대한 찬가》에 대해 설명했습니다.

부처님께서 말씀하셨다.

"조건에 의존하는 것은 무엇이든지

고정된 실체가 없다."

이보다 더 놀라운 가르침이 어디 있겠는가.

위와 같은 총카파 스님의 말씀에 이르렀을 때 나는 '정말 그렇구나'라고 생각했습니다. '원인과 결과의 연기'는 '이름을 붙여줌으로써 생기는 것' 때문에 가능해집니다. 바로 그것이 원인과 결과는 독자적으로 존재하지 않음을 나타냅니다. 만일 그들이 스스로 존재한다면 의존하여 불릴 필요가 없을 것입니다.

나가르주나의 제자인 부다팔리타(佛護)는 《중론》의 제22장에 대한 주석에서 다음과 같이 말합니다.

만일 어떤 것이 그 자신의 실체로서 존재한다면

연기적으로 생각할 필요가 어디 있겠는가?

실제로 어떤 것이 스스로 존재한다면 그것만으로 충분할 것입니다. 그것을 다른 것에 연관시키지 않고서도 "그것은 이것이다"라고 말할 수 있을 것입니다. 하지만 스스로 형성된 것이 아니기 때문에 다른 어떤 것과 연관 지어서 생각할 수밖에 달리 방도가 없습니다. 이 같은 생각이 나에게는 크게 도움이 되었습니다.

총카파는《깨달음으로 이끄는 수행에 필요한 세 가지 근본 원리》에서 다음과 같이 말합니다.

연기에 대한 깨달음과 공에 대한 깨달음이 동시에 있으면
분명한 지혜로 연기의 법칙이 명백한 사실임을 보고
고정된 실체가 있다는 견해를 완전히 부수어 버린다.
그때 실체에 대한 분석이 완전해진다.

원인과 결과의 연기에서 핵심인 의존적 구조에 대해 깊이 생각해 보면 모든 현상은 단지 이름뿐이고, 그렇다고 여겨질 뿐, 그 이상의 어떤 것도 아니라는 점이 확실해집니다. 단지 그렇다고 여기는 것만으로 모든 현상이 본질적으로 존재한다는 생각은 약해집니다. 이를 이해하면 모든 존재와 현상의 본래 모습에 대한 불교적 관점을 이해하고자 하는 우리의 과제는 완성됩니다. 나는 내가 이 지점에 가까이 다가가고 있다는 희망을 갖고 있습니다
우리의 감각이나 마음에 무엇이 나타나든지 간에 그 대상들이 생각에 의지하여 일어난 것임을 이해한다면 모든 현상이 본질적으로 존재한다는 생각에서 벗어날 수 있을 것입니다. 모든 현상이 본질적으로 존재한다고 여김으로써 생겨나는 온갖 문제들로부터 벗어나 있으며, 망상을 없애 주는 치료제인 '공'이 무엇인지, 즉 고정된 실체가 없다는 것이 무엇인지를 깨닫게 될 것입니다.

명상해 보기
<20>

~~~~~~

❶ 성냄이나 탐욕으로 가득 차 있었던 때를 기억해 보십시오.

❷ 싫어했거나 좋아했던 사람이나 대상이 매우 실제적이고 구체적인 것처럼 보이지 않던가요?

❸ 그렇다면 나는 모든 현상이 생각에 의지한다는 것을 모르고 있는 것입니다.

❹ 나는 그것들이 본질적으로 존재한다고 보고 있는 것입니다.

❺ 현상의 거짓된 모습에 빠지지 않기 위해 공에 대한 명상을 자주 할 필요가 있음을 기억하십시오.

~~~~~~

두 가지 깨달음으로 '자성이 없음'을 확인하다

불교의 모든 가르침은 '존재와 비존재는 인식에 의해 결정된다'고 말합니다. 이런 관점에서 볼 때 주체와 객체는 똑같은 힘을 갖고 있는 것처럼 보입니다. 중관학파, 그중에서도 귀류논증파는 여기서 한발 더 나아가 온전한 의식은 사물이 스스로 존재한다고 하지 않는다고 말합니다. 오히려 사물은 개념적 사고에 의해 형성됩니다. 개념에 의하지 않고 형성되는 것은 아무것도 없습니다. 모든 것은 마음에 의존하는 것으로 보이며 마음이 감독자입니다.

바로 이것이 불교 경전에서 '나' 그리고 모든 현상들은 개념적 사고에 의해서만 존재한다고 말하는 이유입니다. 비록 '나'가 몸과 마음에 의존해서 형성되지만 몸과 마음은 '나'가 아니고 '나'는 몸과 마음이 아닙니다. 몸과 마음에는 '나'인 것이 아무것도 없습니다.

'나'는 개념적 사고에 의존하는 것입니다. 모든 현상들도 마찬가지입니다. 이 점을 이해하면 사람들이 스스로 존재하는 것이 아니라 의존해서 생겨났을 뿐이라는 것을 약간은 이해하게 됩니다. 현상들이 개념에 의해서 존재하는 게 아니라 마치 스스로 존재하는 것처럼 보일 때, '아! 바로 이것이 잘못된 것이구나'라고 생각하게 될 것입니다.

명상해 보기
<20-1>

❶ '나'는 몸과 마음에 의존하여 생겨납니다.

❷ 그러나 몸과 마음은 '나'가 아니고 '나'도 몸과 마음이 아닙니다.

❸ 그러므로 '나'는 개념적 사고에 의존하며 마음에 의해 생겨납니다.

❹ '나'가 생각에 의존한다는 사실은 '나'가 스스로 존재하지 않음을 의미합니다.

❺ 이제 어떤 것이 스스로 존재한다는 것이 무슨 의미인지에 대해, 공의 깨달음이 반박하고자 하는 고정된 실체란 것이 무엇인지에 대해 좀 더 잘 이해할 수 있게 되었습니다.

6장.
통찰 지혜로 자애를 키우기

모든 존재와 현상의 궁극적 본질을 이해하게 되면, 우리처럼 행복하기를
원하고 괴로움을 겪고 싶어 하지 않는 무한한 중생들을 떠올리게 됩니다.
그들은 헤아릴 수 없이 많은 생에 걸쳐 우리의 가장 가까운 친구들이었으며,
우리에게 친절을 베풀어 우리를 도와주었습니다. 그런 친밀감과 아울러
왜 그들이 생을 거듭하며 고통의 굴레 속에서 괴로워하는지에 대한
지혜를 갖게 되면, 그들의 행복에 대해 진심으로 염려하게 되는 것입니다.

21

공감, 선한 마음과
지혜의 결합

윤회하는 존재들에 대한 애정 어린 관심에
큰 갈채를 보낸다.
그들은 자신이 '나'라는 과장된 생각을 하고
'이것은 내 것이다'라고 생각하며 사물에 집착하면서
마치 우물 속을 오르내리는 두레박처럼
무력하게 윤회를 거듭한다.

— 찬드라키르티, 《부록》

자애와 연민을 키우려면 처음에는 강한 의지가 필요합니다. 하지만 자애와 연민 같은 이타적인 태도를 늘 유지하고 무한하게 키우려면 의지만으로는 충분하지 않습니다. 자애와 연민을 실천하려면 통찰 지혜를 닦아야 합니다. 통찰 지혜가 없으면 어떤 이를 도와주고 싶어도 어떻게 도와야 할지, 또 자신의 노력이 어떻게 도움이 될지를 분명하게 알 수 없기 때문입니다. 선한 마음과 지혜가 결합되어야 합니다. 그 두 가지가 같이 있을 때 우리는 자비와 이타심을 통해 많은 것을 이룰 수 있습니다.

_ 중생과 우물의 두레박

위에서 인용한 시를 통해 중생들이 고통을 받는 과정을 이해함으로써 사랑을 키울 수 있다는 것을 알 수 있습니다. 찬드라키르티는 윤회하는 존재들의 모습을 두레박이 우물을 오르내리는 모습에 비유합니다. 태어나고 죽음을 거듭하는 존재의 모습이 왜 우물을 오르내리는 두레박과 비슷할까요? 거기에는 여섯 가지 비슷한 점이 있습니다.

첫째, 두레박이 밧줄에 묶여 있듯이 모든 존재들은 해로운 마음과 그로 인한 행위에 묶여 있습니다.

둘째, 두레박이 우물 속을 오르내리는 움직임이 물 긷는 사람에 의해 이루어지듯이 윤회는 다스려지지 않은 마음, 특히 '나'가 독자적으로 존재한다고 믿고 그로 인해 '나의 것'이 있다는 그릇된 믿음으로 인해 이루어집니다.

셋째, 두레박이 끝없이 우물을 오르내리듯이 모든 중생들은 윤회의 커다란 우물 속에서 덧없는 행복과 덧없는 고통 사이를 끝없이 방황합니다.

넷째, 두레박을 끌어올리기는 매우 힘들지만 내리기는 쉽듯이 우리 중생들도 행복하게 살기 위해서는 엄청난 노력을 해야 하지만 고통 속으로는 떨어지는 것은 쉽습니다.

다섯째, 두레박이 스스로 움직임을 결정하지 못하듯이, 한 사람의 삶을 이루는 요인들은 과거의 무지와 애착, 그리고 집착의 결과입니다. 또한 현재의 삶에서도 계속되는 무지와 애착과 집착이 마치 바다에 일렁이는 파도처럼 과거에 이어 우리의 내생에 문제를 일으킵니다.

여섯째, 두레박이 우물을 오르내릴 때 우물 벽에 이리저리 부딪치듯이 중생들은 매일매일 고통과 변화의 괴로움으로 인해, 그리고 자신이 통제할 수 없는 과정에 갇힌 채 시달리고 있습니다.

찬드라키르티는 이와 같은 비유를 통해 윤회의 과정을 자세히 볼 수 있는 통찰 지혜를 알려 줍니다.

윤회에 대한 이와 같은 내용을 나 자신에게 적용해 봄으로써 내가 어떠한 곤경에 처해 있는지를 이해하고, 그처럼 되풀이되는 문제로부터 벗어나겠다는 강한 의지를 키워야 합니다. 만일 나 자신이 통제할 수 없는 자기 파멸의 굴레 속에서 헤매고 있다는 것을 숙고함으로써 내 마음이 움직여지지 않았다면, 다른 존재들의 고통에 대해 생각할 때도 그들의 고통이 절실하게 와 닿지 않을 것이고 그들을 곤경에서 구해야겠다는 필요성도 느끼지 못할 것입니다.

명상해 보기
<21>

~~~~~~

❶ 우물 속의 두레박이 밧줄에 묶여 있듯이 나도 해로운 마음과 그로 인한 행동에 묶여 있습니다.

❷ 우물 속을 오르내리는 두레박의 움직임이 물 긷는 사람에 의해 이루어지듯이, 나의 윤회의 과정은 다스려지지 않은 마음, 특히 내가 스스로 존재하고 '나의 것'이 스스로 존재한다는 그릇된 믿음에 의해 이루어집니다.

❸ 두레박이 끝없이 우물을 오르내리듯이, 나는 윤회의 커다란 우물 속에서 덧없는 행복과 덧없는 고통 사이를 끝없이 방황합니다.

❹ 두레박을 끌어올리기는 매우 힘들지만 내리기는 쉽듯이, 행복한 삶으로 자신을 끌어올리기 위해서는 엄청난 노력을 해야 하지만 고통 속으로 떨어지는 것은 쉽습니다.

❺ 두레박이 자신의 움직임을 결정하지 못하듯이 지금 내 삶을 이루는 요인들은 과거의 무지와 애착, 그리고 집착의 결과입니다. 그와 똑같은 현재의 요인들이 마치 바다에 일렁이는 파도처럼 나의 내 생에 문제를 일으킵니다.

❻ 두레박이 우물을 오르내릴 때 우물 벽에 이리저리 부딪치듯이, 나도 매일매일 고통과 변화의 괴로움으로 인해, 그리고 내가 통제할 수 없는 과정에 갇힌 채 시달리고 있습니다.

❼ 그러므로 이렇게 되풀이되는 고통의 굴레로부터 벗어나기 위해 마음속 깊은 곳으로부터 애써야 합니다.

~~~~~~

_ 통찰 지혜를 다른 사람들에게 확장하기

내가 처한 상황에서 괴로움이 어떻게 일어나는지를 확인했다면 이제 그 통찰 지혜를 나와 똑같이 괴로움을 겪고 있는 다른 존재들에게로 확장할 수 있습니다. 하지만 다른 이들을 자애와 연민으로 대하려면 그들이 어떻게 괴로움을 겪고 있는지를 아는 것만으로는 충분하지 않습니다. 중요한 것은 그들에게 친밀감을 느끼는 것입니다. 그들에게 친밀감을 느끼지 못하고 심지어 원수라고 생각한다면 그가 고통을 겪는 것이 오히려 기쁠지도 모릅니다.

총카파는 다음과 같이 말합니다.

나의 원수가 고통받고 있으면 그것을 보고 견디기 어렵다는 생각이 들지 않을 뿐 아니라 기쁘기까지 하다. 나에게 도움을 주지도 해를 끼치지도 않는 중립적인 사람들이 고통 받는 것을 보면 대개의 경우 그들의 상황에 관심을 기울이지 않을 것이다. 이런 반응은 그들에게서 친밀감을 느끼지 못하기 때문이다. 그러나 나의 친구가 고통받는 것을 보면 어떻게든 도움을 주고 싶어서 견딜 수 없을 것이다. 이때 견디기 어려운 정도는 그들과 내가 가까울수록 더 크다. 모든 존재들을 소중히 여기고 사랑하는 것이 반드시 필요한 이유이다.

진정한 자애와 연민은 다른 사람을 존중하는 데서 생겨납니다. 이런 공감은 비록 행복과 고통에 대한 각자의 생각은 다를지라도 모든 존재들이 행복하기를 원하고 고통받기를 원하지 않는다는 것을 인정함으로써 생겨납니다. 또한 모든 사람들이 셀 수 없이 많은 생을 거치는 동안 언젠가 한때 나의 어머니였고 나의 가장 가까운 친구였음을 알고 있는 것도 친밀감을 갖는 데 큰 도움이 됩니다.

이처럼 모든 사람들에 대해 친밀함을 가진 상태에서 그들이 어떻게 윤회의 굴레 속에서 무력하게 헤매고 있는지에 대한 통찰 지혜를 지니게 되면 자애와 연민을 키울 수 있습니다. 친밀함과 통찰 지혜가 같이 있으면 자애와 연민 그리고 다른 이들을 돕겠다는 소망은 자연스럽게 생겨납니다.

명상해 보기
<21-1>

~~~~~~

한 친구를 마음속에 떠올리고 세 단계의 자애를 키워 봅시다.

❶ 이 친구는 행복하기를 원하지만 행복하지 않다. 그에게 행복과 모든 행복의 원인이 충만할 수 있다면 얼마나 좋겠는가!

❷ 이 친구는 행복하기를 원하지만 행복하지 않다. 그에게 행복과 모든 행복의 원인이 충만하기를 바란다!

❸ 이 친구는 행복하기를 원하지만 행복하지 않다. 그에게 행복과 모든 행복의 원인이 충만하도록 내가 할 수 있는 것은 무엇이든 하겠다.

이제 세 단계의 연민을 키워 봅시다.

❶ 이 친구는 행복하기를 원하고 괴로움을 겪고 싶어 하지 않지만 끔찍한 고통 속에 있다. 이 친구가 괴로움과 괴로움의 모든 원인들로부터 자유로울 수만 있다면 좋겠다!

❷ 이 친구는 행복하기를 원하고 괴로움을 겪고 싶어 하지 않지만 끔찍한 고통 속에 있다. 이 친구가 괴로움과 괴로움의 모든 원인들로부터 자유롭기를 바란다!

❸ 이 친구는 행복하기를 원하고 괴로움을 겪고 싶어 하지 않지만 끔찍한 고통 속에 있다. 나는 이 친구가 괴로움과 괴로움의 모든 원인들로부터 자유로울 수 있도록 도울 것이다.

~~~~~~

이제 완전한 헌신을 키워 봅시다.

❶ 윤회는 무지로 인해 생겨난다.

❷ 그러므로 나도 깨달음을 얻기 위해 노력하고 다른 이들도 깨달음을 얻을 수 있도록 도와야 한다.

❸ 나는 모든 중생들이 괴로움과 괴로움의 원인으로부터 벗어나도록 하고 행복과 행복의 원인 안에 있게 할 것이다.

처음에는 친구들, 그 다음에는 이해관계가 없는 사람들, 그 다음에는 적대감이 있는 사람들의 순서로 한 명씩 떠올리면서 그들에 대해 이러한 명상을 반복합니다. 몇 달에서 몇 년이 걸리겠지만 이 수행의 이익은 엄청날 것입니다.

22

무상에 대해
깊이 생각하기

티베트에는 무상함에 대해 너무나 깊게 명상한 나머지 밥을 먹고 나서 밥그릇도 씻지 않는 수행자들이 있었다.

—뺄툴 린포체,《성스러운 말씀》

이번 장에서는 무상無常에 대해 설명하고자 합니다. 무상은 윤회의 과정에 대한 깊은 수준의 두 단계 통찰 지혜 중 첫 번째입니다. 두 번째인 공空은 다음 장에서 다루어질 것입니다.

_ 흔들리는 달그림자

달그림자가 미풍에 잔물결을 일으키는 호수 표면에서 흔들리고 있습니다. 몸과 마음이 본질적으로 존재한다고 잘못 아는 무지의 큰 강물이 '나'를 본질적으로 존재하는 것으로 잘못 아는 호수로 흘러들어 갑니다. 호수는 해로운 생각과 선하고 불선한 행동이라는 바람에 일렁거립니다.

흔들리는 달그림자는 죽음이라는 거친 수준의 무상함과 순간순간 일어나고 사라지는 미세한 수준의 무상함을 모두 상징합니다. 반짝이는 물결은 중생들이 피할 수 없는 무상함을 나타내며, 우리는 모든 중생들을 이와 같이 보아야 합니다. 이 비유를 깊이 숙고함으로써 어떻게 모든 존재들이 자신의 본질에서 벗어나 불필요하게 고통 속으로 빠져들어 가는지에 대한 통찰 지혜를 키울 수 있습니다. 이러한 통찰 지혜는 다시 자애와 연민을 불러일으킵니다.

그 무엇도 영원하지 않다

우리는 '영원하다'는 환상에 빠져 항상 시간이 많이 남아 있다고 생각합니다. 이러한 전도된 생각으로 우리는 해야 할 일을 자꾸 미루면서 삶을 낭비하는 크나큰 위험에 빠지게 됩니다. 우리에게 생산적인 일을 할 수 있는 시간과 재능이 있다는 점을 생각해 볼 때 이는 정말 큰 낭비입니다. 무상함에 대해, 죽음이 어느 순간에나 올 수 있다는 사실과 우리 삶의 지극히 찰나적인 속성에 대하여 명상할 필요가 있습니다.

탐욕과 성냄이 일어나는 주요한 이유 중 하나는 우리가 삶에 과도한 애착을 지니고 있다는 것입니다. 우리는 삶이 영원히 계속될 것이라고 착각하고, 재산이나 친구 같은 피상적인 것들에 집착합니다. 이런 무지를 극복하려면 내가 더 이상 존재하지 않을 날이 반드시 온다는 사실에 대해 깊이 사유해야 합니다.

죽음에 대한 인식을 키워 나가면 내가 당장 오늘 밤에 죽을 수도 있다는 점을 이해하게 됩니다. 이러한 태도를 갖고 있으면 이번 생에만 피상적으로 도움이 되는 일보다는 이생과 다음 생에 모두 도움이 될 일에 우선순위를 두게 될 것입니다.

더군다나 죽음이 언제 닥칠지 모른다는 생각을 하면 이생과 다음 생 모두에 해가 될 일을 하지는 않을 것이며, 이런저런 불선한 마음에 해독제가 될 만한 견해를 키우려고 할 것입니다. 그렇게 되면 장기적으로 나에게 유익한 생각과 행동을 하게 되기 때문에 하루를 살든, 한 달을 살든, 일 년을 살든, 그 시간이 아주 의미 있는 시간이 될 것입니다. 이와 반대로, '영원하다'는 환상에 빠져 이생에서 피상적이고 덧없는 일들에 시간을 허비하면 크나큰 손실을 겪게 됩니다.

모든 것이 매 순간 변화하고 있다는 것은 바꾸어 생각하면 긍정적인 발전이 가능하다는 뜻이기도 합니다. 어떤 상황이 바뀌지 않고 영원히 계속된다면 괴로움도 언제까지나 계속될 것입니다. 일단 모든 것은 변한다는 사실을 깨닫게 되면 아무리 어려운 일을 겪더라도 그 일이 언제까지나 계속되지 않을 것임을 알기에 큰 위안을 얻을 수 있습니다.

'조건 지어진 것은 무엇이든 언젠가 흩어진다'는 것이 윤회의 본질입니다. 서로를 얼마나 좋아하든 결국에는 헤어져야만 합니다. 스승과 제자, 부모와 자식, 형제와 자매, 남편과 아내, 그리고 가까운 친구들, 그 누구든 간에 결국에는 모두 헤어져야 합니다. 그뿐만 아니라 내가 모은 모든 재산은 그것이 아무리 엄청난 것이라고 해도 결국에는 쓸모가 없습니다. 우리는 짧은 이번 생이 끝날 때 모든 재산을 남겨 두고 떠날 수밖에 없기 때문입니다.

인도의 철학자이자 수행자인 샨티데바는 무상함에 대해 말하면서 현재의 삶이 아무리 멋지더라도 그것은 잠시 즐거운 꿈을 꾸는 것일 뿐, 꿈에서 깨어나면 기억 말고 남는 게 아무것도 없다고 합니다.

부처님께서는《금강경》에서 다음과 같이 말씀하십니다.

모든 조건 지어진 것들을
반짝이는 별들처럼, 눈병에 걸린 눈으로 본 허상처럼
등불의 깜박이는 불꽃처럼, 마술사의 환상처럼
이슬, 물거품, 꿈, 번개, 구름처럼 보라.

나는 지혜를 구하고자 나를 바라보는 수많은 사람들 앞에서 법문을 시작하려고 할 때 모든 것의 무상함에 대한 이 구절을 혼자서 읊고 나서 손가락으로 '딱' 소리를 냅니다. 무상을 상징하는 이 짧막한 소리를 냄으로써 내가 현재의 자리에서 곧 내려갈 것임을 잊지 않으려는 것입니다.

살아 있는 존재는 모두 죽어야 합니다. 그밖에 다른 길은 없습니다. 일단 윤회의 굴레 속에 빠지면 거기서 벗어날 수가 없습니다. 아무리 멋지고 훌륭한 것도 결국에는 사라질 수밖에 없는 것이 살아 있는 모든 존재들의 본질입니다.

부처님께서는 다음과 같이 말씀하셨습니다.

몸은 진흙으로 만든 그릇처럼 무상한 것임을 알라.

행운이란 것은 영원하지 않습니다. 따라서 어떤 일이 잘된다고 해서 거기에 너무 집착하는 것은 위험합니다. 현재에 지나치게 몰두하면 미래가 중요하지 않게 되어 다른 이들이 장차 깨달음을 얻을 수 있도록 연민에 찬 행동을 하고자 하는 마음이 약해집니다. 반면에 모든 것이 무상하다는 관점을 가지면 연민에 찬 행동을 하게 됩니다.

우리는 언젠가 죽어야만 하며 게다가 그 순간이 언제가 될지도 모릅니다. 설령 오늘 밤에 죽는다고 해도 아무런 후회가 없도록 미리미리 준비를 해야 합니다. 죽음이 임박했음을 이해하면 시간을 지혜롭게 활용하는 것이 얼마나 중요한지 잘 알게 될 것입니다.

나가르주나는 《보행왕정론》에서 다음과 같이 말합니다.

우리는 마치 바람 앞에 서 있는 등불처럼
죽음의 원인들 가운데 살고 있다.
우리는 죽음 앞에서 모든 재산을 놓아 버리고
무력하게 어딘가로 가야만 한다.
그러나 정신적인 수행을 한 것은
우리의 선업이 되어 우리를 앞서 갈 것이다.

이번 생이 얼마나 빨리 끝나는지를 마음에 잘 새겨 두면 시
간을 소중하게 여겨 자신에게 가장 유익한 일을 하게 될 것입니
다. 죽음이 임박했음을 알고 나면 수행을 해야 할 필요성을 절실
하게 느낄 것입니다. 먹고 마시는 일이나 전쟁, 연애, 가십거리
등에 대한 이야기로 시간을 낭비하지 않고 자신의 마음을 향상
시키려 할 것입니다.

죽음의 실체는 말할 것도 없고 죽음이라는 말조차 마주할
수 없는 사람에게는 죽음이 엄청난 불안과 두려움을 불러일으킬
것입니다. 그러나 죽음의 임박함에 대해 숙고하는 것이 습관이
된 사람은 후회 없이 죽음을 맞이할 준비가 되어 있습니다. 죽음
의 시간이 언제 올지 모른다는 점에 대해 깊이 사유하는 사람은
마음이 평온해지고 자제력을 갖추고 덕을 지니게 됩니다. 그것
은 그의 마음이 이 짧은 생의 피상적인 것들 너머에 머물기 때문
입니다.

우리는 모두 괴로움과 무상함이라는 특성을 공유하는 존재

입니다. 우리가 얼마나 많은 공통점을 지니고 있는지 알게 되면 서로를 적대적으로 대할 마음이 없어지게 됩니다.

곧 처형될 죄수들이 있다고 생각해 봅시다. 그들은 감옥에서 함께 지내는 동안 한 명씩 생의 마지막을 맞게 됩니다. 남아 있는 시간 동안 서로 싸우는 것은 아무 의미가 없습니다. 우리 모두는 죽음을 앞둔 죄수들처럼 괴로움과 무상함에 묶여 있습니다. 그런 상황에서 서로 싸우거나 돈과 재산을 모으느라고 정신적 육체적 에너지를 낭비할 이유가 없지 않겠습니까.

명상해 보기
<22>

다음을 마음에 새겨 봅시다.

❶ 나는 언젠가 분명히 죽는다. 죽음은 피할 수 없다. 내 수명은 줄어 들고 있으며 늘릴 수 없다.

❷ 내가 언제 죽을지는 분명하지 않다. 수명은 사람마다 다르다. 죽음에 이르게 되는 원인은 많으며 삶을 지속시키게 해 주는 원인은 상대적으로 적다. 나의 몸은 약하다.

❸ 죽음 앞에서는 나의 변화된 견해 이외에는 아무것도 도움이 되지 않을 것이다. 친구들도 도움이 되지 않을 것이다. 나의 재산도 아무 소용없을 것이며 내 몸도 소용이 없다.

❹ 우리 모두는 이처럼 똑같이 위험한 상황에 처해 있다. 따라서 돈과 재산을 모으는 데 우리의 정신적 육체적 에너지를 낭비하거나 서로 싸우는 것은 아무 의미가 없다.

❺ 나는 지금 덧없는 환상에 대한 애착을 줄이는 수행을 해야 한다.

❻ 나는 무상을 영원으로 착각함으로써 비롯된 괴로움의 굴레에서 벗어나기 위해 마음 깊은 곳으로부터 애써야 한다.

의식조차 매 순간 허물어지고 있다

우리가 마주하는 모든 대상들을 구성하고 있는 물질은 매순간 허물어지고 있습니다. 마찬가지로 그러한 외적인 대상들을 관찰하는 우리의 내적인 의식도 매 순간 허물어지고 있습니다. 이것이 미세한 무상함의 본질입니다.

소립자 물리학자들은 탁자처럼 확실한 물체의 모습조차도 당연하게 받아들이지 않습니다. 그들은 물체를 이루고 있는 더 작은 요소들 안에서 일어나는 변화에 주목하기 때문입니다.

일상적인 행복은 풀잎 끝에 달려 있는 이슬처럼 순식간에 사라지는 것입니다. 이슬이 사라진다는 것은 그것이 무상하며 다른 여러 원인들과 조건들의 통제를 받는다는 것을 의미합니다. 윤회의 굴레 속에서는 무엇을 하든지 간에 괴로움으로부터 벗어날 수 없습니다. 모든 존재와 현상들의 본질이 무상임을 알고 나면 어떤 변화가 일어날 때, 설령 그것이 죽음이라고 해도, 크게 놀라지 않을 것입니다.

명상해 보기
<22-1>

❶ 내 마음과 몸과 소유물과 목숨은 원인과 조건에 의해 생겨난 것이기에 무상합니다.

❷ 내 마음과 몸과 소유물과 목숨을 생겨나게 하는 바로 그 원인들이 또 매 순간 그것들을 해체시킵니다.

❸ 만물이 무상함의 성질을 지니고 있다는 것은 그들이 스스로의 힘으로 존재하지 않음을 의미합니다. 그들은 외부의 힘에 의해 작용합니다.

❹ 나는 매 순간 허물어지고 있는 것을 영원한 것으로 착각함으로써 내 자신뿐만 아니라 다른 사람들에게 고통을 줍니다.

❺ 나는 무상을 영원으로 착각함으로써 비롯된 고통의 굴레에서 벗어나기 위해 마음속 깊은 곳으로부터 애써야만 합니다.

무상에 대한 깨달음, 자애와 연민

자신이 영원하다는 생각과 자신을 소중히 여기는 태도가 나와 남을 모두 파멸로 이끕니다. 그러므로 가장 바람직한 명상은 한편으로는 무상함과 자성의 공함에 대해 명상하고, 다른 한편으로는 자애와 연민에 대해서 명상하는 것입니다. 부처님께서는 지혜와 연민이 깨달음으로 날아오르는 새의 두 날개라고 강조하신 바 있습니다.

나 자신이 무상함을 제대로 인식하지 못했던 경험에 비추어 볼 때 다른 중생들도 똑같은 실수를 통해 무한한 윤회의 굴레 속에서 헤매고 있음을 이해할 수 있습니다. 그들은 지금 상상할 수 없는 괴로움을 겪고 있으며, 그들도 나와 마찬가지로 행복하기를 원하고 괴로움을 겪고 싶어 하지 않는다는 점에 대해 명상해 보십시오. 헤아릴 수 없이 많은 생에 걸쳐서 그들이 나의 가장 가까운 친구로서 친절을 베풀어 주었을 것을 생각해 보면 그들에게 친밀감을 느낄 수 있을 것입니다. 그들이 행복해지고 고통에서 벗어날 수 있도록 도울 책임이 나에게 있다는 것을 알고 사랑과 연민을 키우도록 하십시오.

나는 때로 대도시를 방문해서 호텔의 높은 층에 머물 때면 수백, 수천 대의 차들이 거리에서 이리저리 달려가는 것을 내려다보면서 그 모든 존재들은 그들 스스로가 무상함에도 불구하고 모두 '나는 행복하고 싶어', '나는 이 일을 해야만 해', '나는 이 돈을 벌어야 해', '나는 이것을 해야만 해'라고 생각한다는 점에 대해 깊이 숙고합니다. 그들은 자신이 영원하다고 잘못된 상상을 하고 있습니다. 이런 생각이 그들에 대한 나의 연민을 불러일으킵니다.

명상해 보기
<22-2>

~~~~~~

친구 한 명을 마음속에 떠올리고 감정을 실어 다음을 생각해 봅시다.

❶ 이 친구의 마음과 몸과 소유물과 목숨은 원인과 조건에 의해 생겨난 것이기에 무상하다.

❷ 이 친구의 마음과 몸과 소유물과 목숨을 생겨나게 하는 바로 그 원인들이 또한 매 순간 그것들을 해체시킨다.

❸ 만물이 무상함의 성질을 지니고 있다는 것은 그들이 스스로의 힘으로 존재하지 않음을 의미한다. 그들은 외부의 힘에 의해 작용한다.

❹ 이 친구는 매 순간 해체되고 있는 것을 영원한 것으로 착각함으로써 자신뿐 아니라 다른 사람들에게도 고통을 가하고 있다.

이제 세 단계의 자애를 키워 봅시다.

❶ 이 친구는 행복하기를 원하지만 행복하지 않다. 그에게 행복과 모든 행복의 원인이 충만할 수 있다면 얼마나 좋겠는가!

❷ 이 친구는 행복하기를 원하지만 행복하지 않다. 그에게 행복과 모든 행복의 원인이 충만하기를 바란다!

❸ 이 친구는 행복하기를 원하지만 행복하지 않다. 그에게 행복과 모든 행복의 원인이 충만하도록 하기 위해 내가 할 수 있는 것은 무엇이든 하겠다.

~~~~~~

이제 세 단계의 연민을 키워 봅시다.

❶ 이 친구는 행복하기를 원하고 괴로움을 겪고 싶어 하지 않지만 끔찍한
고통 속에 있다. 이 친구가 괴로움과 괴로움의 모든 원인들로부터
자유로울 수만 있다면 얼마나 좋겠는가!

❷ 이 친구는 행복하기를 원하고 괴로움을 겪고 싶어 하지 않지만 끔찍한
고통 속에 있다. 이 친구가 괴로움과 괴로움의 모든 원인들로부터
자유롭기를 바란다!

❸ 이 친구는 행복하기를 원하고 괴로움을 겪고 싶어 하지 않지만 끔찍한
고통 속에 있다. 나는 이 친구가 괴로움과 괴로움의 모든 원인들로부터
자유로울 수 있도록 도울 것이다.

이제 완전한 헌신을 키워 봅시다.

❶ 윤회는 무지로 인해 생겨난다.

❷ 그러므로 나도 깨달음을 얻고자 노력하고 다른 이들도 깨달음을 얻을 수
있도록 도와야 한다.

❸ 나는 모든 중생들이 괴로움과 괴로움의 원인에서 벗어나게 하고 행복과
행복의 원인 안에 있게끔 도울 것이다.

처음에는 친구들, 그 다음에는 이해관계가 없는 중립적인 사람들, 그 다음에는 적대감이 있는 사람들의 순서로 각각의 존재들을 한 명씩 떠올리면서 그들에 대해 이러한 명상을 반복합니다. 몇 달에서 몇 년이 걸리겠지만 이 수행의 이익은 엄청날 것입니다.

23

궁극의 자애,
나를 넘어 타인에게로

교리가 훌륭한 것으로는 충분치 않다.
사람은 마땅히 훌륭한 태도를 지니고 있어야 한다.

-티베트 속담

자성의 공空함을 알았으면 이제 가장 심오한 수준의 자애와
연민에 대해 생각해 봅시다.
찬드라키르티는 다음과 같이 말합니다.

윤회하는 존재들은
비록 고정된 실체로서 존재하는 것처럼 보이지만
물속에 비친 달그림자처럼 고정불변한 실체가 없다.
이와 같은 사실을 보는 자애로운 관심에 경의를 표한다.

고요한 수면 위에 비치는 달그림자는 달처럼 보이지만 실제 하늘에 떠 있는 달은 아닙니다. 이는 '나', 그리고 모든 다른 현상들이 마치 본질적으로 존재하고 있는 듯이 보이는 것과 마찬가지입니다. 그들은 본질적으로 존재하고 있는 것처럼 보이지만 실제로는 그렇지 않습니다. 우리는 달그림자를 달로 착각하는 사람처럼 '나', 그리고 다른 현상들의 모습을 본질적으로 존재하는 것으로 착각합니다.

이러한 비유를 통해서 왜 우리가 거짓된 모습을 받아들임으로써 끊임없는 괴로움에 빠지게 되고, 탐욕과 성냄 그리고 그로 인해 생겨나는 모든 행동의 노예가 되어 업을 쌓으며, 괴로움의 굴레 속에서 계속 다시 태어나게 되는지에 대한 통찰 지혜를 기를 수 있습니다. 통찰 지혜는 그 모든 괴로움이 얼마나 불필요한 것인지를 분명히 알게 해 주어 한없는 자애와 연민을 키우게 해 줄 것입니다.

우리 중생들은 우물 속의 두레박처럼 여섯 가지의 괴로움을 받고 있고, 물결에 흔들리는 그림자처럼 덧없는 무상함으로 가득 차 있을 뿐만 아니라, 고정된 실체라는 잘못된 모습을 받아들이는 무지에 빠져 있습니다.

이를 꿰뚫는 통찰 지혜를 늘 마음속에 두고 있으면 모든 중생들을 향한 한없는 자애와 연민이 생겨납니다. 그들도 나 자신처럼 행복을 원하고 고통받고 싶어 하지 않기 때문에 그들에게 친밀감을 느낄 수 있고, 또한 헤아릴 수 없이 많은 생에 걸쳐 그들이 우리의 가장 가까운 친구로서 친절을 베풀어 주었음을 느끼게 됩니다.

이러한 한없는 자애와 연민에 이르려면 먼저 나 자신과 다른 모든 중생들에게 고정된 실체가 없다는 것을 이해해야 합니다. 이제 '나'의 궁극적인 본성을 깨닫기 위한 단계들을 다시 한번 검토해 봅시다.

명상해 보기
<23>

~~~~~~

❶ 앞에서와 마찬가지로 고정된 실체를 지닌 '나'가 있다고 분명하게 믿었던 순간을 기억하거나 상상함으로써 그러한 나를 마음속에 떠올립니다.

❷ 무지로 인해서 고정된 실체가 있다고 착각하는 것을 주목하고 확인합니다.

❸ 그처럼 스스로, 고정된 실체로서 존재한다는 것이 있다면 '나'와 몸-마음 복합체는 같거나 아니면 달라야만 한다는 점에 대해서 특히 집중적으로 명상합니다.

❹ 이제 나와 몸-마음이 같거나 아니면 다르다고 주장하는 것이 모두 터무니없음에 대해 집중적으로 명상하면서 그런 주장이 불가능함을 보고 느낍니다.

'나'와 몸-마음이 동일한 경우를 생각해 봅니다.
- '나'와 몸-마음은 완전히 그리고 모든 면에서 하나여야 합니다.
- 그러한 경우에 '나'라는 것이 따로 있다고 주장하는 것은 무의미할 것입니다.
- '나의 몸'이나 '나의 머리' 혹은 '나의 마음'이란 것을 생각하는 것은 불가능합니다.
- 몸과 마음이 더 이상 존재하지 않으면 '나'도 더 이상 존재하지 않을 것입니다.
- 몸과 마음은 복수이기 때문에 '나'도 복수일 것입니다.
- '나'는 하나이기 때문에 몸과 마음도 하나일 것입니다.

~~~~~~

- 몸과 마음이 생겨나고 허물어지듯이 '나'도 본질적으로 생겨나고 본질적으로 허물어진다고 주장해야 할 것입니다. 이 경우에 선한 행위의 좋은 결과도 불선한 행위의 나쁜 결과도 우리에게 열매를 맺지 못하게 되거나 아니면 자기가 하지도 않은 행위의 결과를 받게 됩니다.

'나'와 몸-마음이 별개인 경우를 생각해 봅니다.

- '나'와 몸-마음은 완전히 별개여야만 합니다.
- 그렇다면 몸과 마음이 없어지고 나서도 '나'를 찾을 수 있어야 합니다.
- '나'는 생겨나고 유지되고 허물어지는 특징을 지니지 않아야 되는데, 이는 터무니없습니다.
- '나'는 터무니없게도 상상의 산물이거나 아니면 영원히 존재하는 것이어야 합니다.
- '나'는 터무니없게도 몸과 마음이 지닌 그 어떤 육체적 정신적 특징도 지니지 못할 것입니다.

❺ 그런 '나'를 발견하지 못하면 '나'도 그 어느 누구도 고정된 실체를 지니지 않는다'라고 확실하게 결론을 내립니다.

❻ 본질적으로 존재하지 않는 것을 본질적으로 존재하는 것으로 착각함으로써 나 자신에게 가해진 괴로움의 굴레에서 벗어나기 위해 마음속 깊은 곳으로부터 노력해야 합니다.

깨달음의 확장, 인간으로 태어난 의미

성냄, 분노, 짜증, 미움 등 해로운 마음은 우리 내면의 적이며 모든 문제의 근원입니다. 이러한 해로운 마음은 우리에게 해만 끼칠 뿐 결코 도움이 되지 않기에 반드시 극복해야만 합니다. 해로운 마음이 우리의 적이라는 것을 분명히 알고 그것들을 없애기 위한 방법을 취해야 합니다.

해로운 마음을 없애려면 우리는 그것들을 불러일으키는 근본 원인을 해결해야 합니다. 문제가 되는 모든 해로운 마음은 탐욕과 성냄으로부터 생겨나며 그것의 뿌리는 무지입니다. 무지란 모든 존재와 현상이 실제로 존재하는 모습을 제대로 알지 못하고 그들의 본질을 적극적으로 잘못 해석하는 것입니다.

우리는 해로운 마음에 휘말려 해로운 성향을 심어 주는 행동을 합니다. 불선한 행동은 행복하지 않은 삶으로 윤회하는 결과를 낳고, 선한 행동은 행복한 삶으로 다시 태어나는 결과를 낳습니다. 하지만 불선한 행동이나 선한 행동 두 가지가 모두 무지로부터 비롯되는 것은 마찬가지입니다.

중요한 것은 고정된 실체가 없다는 것, 즉 자성의 공함을 직접 깨닫는 것입니다. 명상을 통해 자성의 공함에 익숙해지면 다시 태어나게 하는 업을 더 이상 쌓지 않게 됩니다. 나아가 다른 사람들을 좀 더 효과적으로 돕기 위해 다시 태어나는 것을 스스로 통제할 수 있게 됩니다.

윤회는 자성에 대한 오해에서 비롯되기 때문에 윤회에서 벗어나려면 먼저 그 같은 오해를 인식해야 합니다. 윤회를 일으키는 많은 요인들이 있지만 윤회에서 벗어나는 것은 오직 무지를 없앰으로써만 가능합니다. 이는 무지가 모든 다른 원인들의 근원이기 때문입니다.

지금까지 괴로움과 괴로움의 원인들을 근절하고 윤회에서 벗어나는 해결책을 계발해 주는 명상법을 설명했습니다. 이러한 과정을 꾸준히 내면화하면 단지 말에만 그치지 않고 실제로 해탈하고자 하는 의지를 낼 수 있습니다.

우리가 수행을 하다 보면 점차로 목표가 변하게 됩니다. 마음속 깊은 곳으로부터 고통의 굴레에서 벗어나겠다고 발원하게 되면 좀 더 큰 능력을 지닌 수행자가 될 수 있을 것입니다. 티베트의 학자이자 수행자인 총카파가 《깨달음으로 이끄는 수행에 필요한 세 가지 근본 원리》에서 말하듯이, 이 시점에서 우리는 해탈하고자 밤낮으로 몰두합니다. 고통으로부터 벗어나는 일에 열중합니다. 윤회에서 완전히 해탈하지 못한다면 인간으로서의 삶의 의미가 달성된 것이 아니라고 자각하게 됩니다.

인간으로 태어난 것은 윤회로부터 벗어날 수 있는 가장 좋은 기회입니다. 왜냐하면 계戒·정定·혜慧의 세 가지 수행을 할 수 있기 때문입니다. 계를 지키는 것은 몸과 말과 마음으로 불선한 행동을 하지 않는 것입니다(戒). 좀 더 불선한 나쁜 마음들은 선정 수행이라는 집중 명상을 통해서 억제됩니다.(定) 잠재된 불선한 마음을 최종적으로 근절시키게 되는 것은 자성의 공함에 대한 통찰 지혜를 계발함으로써(慧) 달성됩니다.

처음에는 계를 지키는 수행을 해야 합니다. 해로운 마음의 영향 하에 있을 때는 말과 행동이 거칠어져서 자신과 다른 사람들에게 나쁜 영향을 끼치기 때문입니다. 계를 지키는 것은 이러한 거친 행동을 통제하여 그것들이 드러나지 않게 하는 것입니다. 그러나 계를 지키는 것만으로는 해로운 마음을 근절할 수 없습니다. 해탈은 해로운 마음이 완전히 사라질 때에 비로소 얻을 수 있습니다.

다음은 자신이 윤회의 굴레 속에 갇혀 있음을 자각하고 나면 반드시 시작해야 하는 절차입니다.

첫째, 우선 이번 생에서 겪는 괴로움의 정도를 인식하는 훈련을 합니다.

둘째, 그러고 나서 '윤회'라고 불리는 생을 거듭하며 계속되는 모든 형태의 괴로움을 싫어하는 마음을 일으키고 계·정·혜를 닦습니다.

셋째, 이러한 수행을 완성함으로써 마침내 윤회에서 벗어나 모든 괴로움을 완전히 소멸시키는 상태에 이를 수 있습니다.

우리는 이와 같은 방법으로 해탈에 이를 수 있지만 그렇다고 해서 우리의 모든 목표가 완전히 달성된 것은 아닙니다. 다른 이들을 도울 수 있는 능력을 획득하는 데 방해가 되는 가장 큰 장애물이 여전히 남아 있습니다. 그 장애물은 모든 존재와 현상들의 본질을 알지 못함으로 인해서 마음속에 남아 있는 성향입니다. 무지 자체가 극복되었다고 해도 이 성향들은 마음속에 그대로 남아 온전한 앎을 방해합니다.

이러한 상태에 머물러 있는 동안에는 다른 이들을 도우려고 해도 작은 도움밖에는 줄 수가 없습니다. 우리의 관점은 여전히 자신의 행복을 우선적으로 생각합니다. 자신의 발전이라는 측면에서 볼 때 장애물들을 극복하고 더 높은 경지에 도달하는 과정은 아직 완성되지 않았으며, 여전히 혼자만의 평화 속에 살고 있을 뿐입니다.

혼자만의 평화 속에 안주하지 않아야 하는 이유는 그것이 우리의 궁극적인 목표, 즉 다른 이들의 이익을 위하는 이타적인 깨달음에 이르는 과정을 계속 늦추기 때문입니다. 자신만을 주로 돌보면 자신을 소중히 여기는 태도를 키우게 되며, 이 같은 태도는 나중에 큰 자애와 연민을 키우는 훈련을 할 때 극복하기가 매우 어렵습니다. 따라서 처음부터 자신의 이익에만 마음을 쏟지 않는 것이 중요합니다.

공을 이해하면 윤회의 굴레에서 벗어나는 것이 가능하다는 것을 깨닫게 되어 윤회의 굴레에서 벗어나겠다는 결의를 단단히 하게 됩니다. 다른 이들의 괴로움 역시 무지로부터 비롯된 것임을 이해하면 그들도 모든 괴로움으로부터 벗어날 수 있음을 깨닫게 되어 그들을 돕겠다는 결의를 단단히 하게 됩니다. 이와 같이 통찰 지혜를 통해 심오한 지혜가 자애와 연민으로 표현됩니다.

부처님께서는 다음과 같이 말씀하셨습니다.

모든 현상이 공한데도
중생들은 자성이 있다는 생각에 매달린다.

모든 존재에게 자성이 없음을 이해하고 무지로 인해 어떻게
괴로움이 나타나는지를 볼 수 있게 되면 좀 더 깊은 자애와 연민
을 키울 수 있습니다. 자성의 공함을 깨달으면 자애와 연민을 더
크게 키울 수 있는 길이 열리는 것입니다.

　모든 존재와 현상의 궁극적 본질을 이해하게 되면, 우리처
럼 행복하기를 원하고 괴로움을 겪고 싶어 하지 않는 무한한 중
생들을 떠올리게 됩니다. 그들은 헤아릴 수 없이 많은 생에 걸쳐
우리의 가장 가까운 친구들이었으며, 우리에게 친절을 베풀어
우리를 도와주었습니다. 그런 친밀감과 아울러 왜 그들이 생을
거듭하며 고통의 굴레 속에서 괴로워하는지에 대한 지혜를 갖게
되면, 그들의 행복에 대해 진심으로 염려하게 되는 것입니다.

명상해 보기
<23-1>

~~~~~~

친구 한 명을 마음속에 떠올립니다. 스스로를 파괴하는 윤회의 과정을 기억하면서 다음을 생각해 봅시다.

❶ 이 친구는 나와 마찬가지로 '나'가 본래 존재한다는 착각의 바다에 빠져 있다. 그 바다는 몸과 마음이 본래 존재한다고 착각하는 커다란 무지의 강물이 흘러들어와 물이 마르지 않으며, 해로운 생각과 행동의 바람으로 인해 끊임없이 파도가 친다.

❷ 물에 비친 달그림자를 달이라고 착각하는 사람처럼 이 친구는 '나', 그리고 다른 현상들의 모습을 보고 그들이 스스로 존재한다고 착각한다.

❸ 이러한 잘못된 모습을 그대로 받아들임으로써 친구는 무력하게 탐욕과 성냄에 빠져들고, 업을 쌓아 고통의 굴레 속에서 계속 윤회한다.

❹ 이런 과정을 통해 친구는 자신과 다른 이들에게 불필요하게 고통을 준다.

이제 세 단계의 자애를 키워 봅시다.

❶ 이 친구는 행복하기를 원하지만 행복하지 않다. 그에게 행복과 모든 행복의 원인이 충만할 수 있다면 얼마나 좋겠는가!

❷ 이 친구는 행복하기를 원하지만 행복하지 않다. 그에게 행복과 모든 행복의 원인이 충만하기를 바란다!

~~~~~~

❸ 이 친구는 행복하기를 원하지만 행복하지 않다. 그에게 행복과 모든 행복의 원인이 충만하도록 하기 위해 내가 할 수 있는 것은 무엇이든 하겠다.

이제 세 단계의 연민을 키워 봅시다.

❶ 이 친구는 행복하기를 원하고 괴로움을 겪고 싶어 하지 않지만 끔찍한 고통 속에 있다. 이 친구가 괴로움과 괴로움의 모든 원인들로부터 자유로울 수만 있다면 얼마나 좋겠는가!

❷ 이 친구는 행복하기를 원하고 괴로움을 겪고 싶어 하지 않지만 끔찍한 고통 속에 있다. 이 친구가 괴로움과 괴로움의 모든 원인들로부터 자유롭기를 바란다!

❸ 이 친구는 행복하기를 원하고 괴로움을 겪고 싶어 하지 않지만 끔찍한 고통 속에 있다. 나는 이 친구가 고통과 고통의 모든 원인들로부터 자유로울 수 있도록 도울 것이다.

이제 완전한 헌신을 키워 봅시다.

❶ 윤회는 무지로 인해 생겨난다.

❷ 그러므로 나도 깨달음을 얻기 위해 노력하고 다른 이들도 깨달음을 얻을 수 있도록 도와야 한다.

❸ 나는 모든 중생들이 괴로움과 괴로움의 원인에서 벗어나게 하고 행복과 행복의 원인 안에 있게 할 것이다.

처음에는 친구들, 그 다음에는 이해관계가 없는 중립적인 사람들, 그 다음에는 적대감이 있는 사람들까지 각각의 존재들을 한 명씩 떠올리면서 그들에 대해 이러한 명상을 반복합니다. 몇 달에서 몇 년이 걸리겠지만 이 수행의 이익은 엄청날 것입니다.

_ 삶에 대한 낙담도 단념도 없는 세상

이러한 견해에 익숙해지도록 노력하면서 모든 중생들을 괴로움으로부터 보호하겠다는 짐을 기꺼이 짊어져야 합니다. 이를 반복적으로 또한 규칙적으로 분석하면서 해야 합니다. 그렇게 하면 그들과 공감하는 마음이 한없이 커져서 나 자신을 온통 뒤덮을 것입니다. 대가를 받고자 하는 마음은 추호도 없이 오직 다른 이들의 발전만을 바라게 될 것이며 결코 낙담하는 일도 단념하는 일도 없게 될 것입니다.

옮긴이

김은희
대학에서 교육심리학을 전공하고 동시통역대학원에서 한영 번역을 공부했다. 불편하기만 했던 사회생활이 조금 편해질 수 있을까 하는 바람에서 시작한 마음공부 덕분에 용기를 얻어, 내가 알지 못하는 나를 찾아보고자 미국 유학을 떠났고, IS 박사학위를 받고 그곳 대학에서 학생들을 가르치기도 했다. 내가 불편해하는 '나'도 결국 내게 익숙한 '나'와 다르지 않음을 알게 된 경험이었다.《우리 곁에 있는 하느님 나라》《아주 특별한 우정》을 번역했다.

주영아
이화여자대학교 영어영문학과를 졸업하였다. 불교 서적을 전문적으로 펴내는 일을 하고 있으며, 역서로는《꽃과 쓰레기》(공역)《마오를 이긴 중국 간디를 넘은 인도》(공역)《안녕, 내 사랑》《축복의 조건》《이집트 십자가의 비밀》《더 큰 사랑은 없다》등이 있다.

달라이 라마가 전하는
우리가 명상할 때 꼭 알아야 할 것들

2018년 5월 21일 초판 1쇄 발행
2023년 4월 7일 초판 4쇄 발행

지은이 달라이 라마 • 엮은이 제프리 홉킨스 • 옮긴이 김은희, 주영아
발행인 박상근(至弘) • 편집인 류지호 • 상무이사 김상기 • 편집이사 양동민
편집 김재호, 양민호, 김소영, 최호승, 하다해 • 디자인 쿠담디자인
제작 김명환 • 마케팅 김대현, 이선호 • 관리 윤정안
콘텐츠국 유권준, 정승채
펴낸 곳 불광출판사 (03169) 서울시 종로구 사직로10길 17 인왕빌딩 301호
　　　　대표전화 02) 420-3200 편집부 02) 420-3300 팩시밀리 02) 420-3400
　　　　출판등록 제300-2009-130호(1979. 10. 10.)

ISBN 978-89-7479-400-2 (03220)

값 17,000원